스무 살 무일푼에서 100억 슈퍼개미가 된

이주영의
내공
주식투자
1
실전편

스무 살 무일푼에서 100억 슈퍼개미가 된 이주영의

내공 주식투자 1 실전편

초판 1쇄 발행 2011년 9월 28일
초판 7쇄 발행 2021년 8월 13일

지은이 이주영
펴낸이 김선식

경영총괄 김은영
콘텐츠사업1팀장 임보윤 **콘텐츠사업1팀** 윤유정, 한다혜, 성기병, 문주연
마케팅본부장 이주화 **마케팅2팀** 권장규, 이고은, 김지우
미디어홍보본부장 정명찬
홍보팀 안지혜, 김재선, 이소영, 김은지, 박재연, 오수미, 이예주
뉴미디어팀 김선욱, 허지호, 염아라, 김혜원, 이수인, 임유나, 배한진, 석찬미
저작권팀 한승빈, 김재원
경영관리본부 허대우, 하미선, 박상민, 권송이, 김민아, 윤이경, 이소희, 이우철, 김재경, 최완규, 이지우, 김혜진
외부스태프 편집 진행 공순례

펴낸곳 다산북스 **출판등록** 2005년 12월 23일 제313-2005-00277호
주소 경기도 파주시 회동길 490
전화 02-702-1724 **팩스** 02-703-2219 **이메일** dasanbooks@dasanbooks.com
홈페이지 www.dasan.group **블로그** blog.naver.com/dasan_books
종이 (주)한솔피엔에스 **출력 · 인쇄** (주)갑우

ISBN 978-89-6370-652-8 14320
　　　　978-89-6370-651-1 14320 (세트)

다산북스(DASANBOOKS)는 독자 여러분의 책에 관한 아이디어와 원고 투고를 기쁜 마음으로 기다리고 있습니다.
책 출간을 원하는 아이디어가 있으신 분은 다산북스 홈페이지 '투고원고'란으로 간단한 개요와 취지, 연락처 등을
보내주세요. 머뭇거리지 말고 문을 두드리세요.

이주영의 내공 주식투자

1

실전편

이주영 지음

책의 표지를 넘겨 이 글을 읽고 있는 독자들께 가장 먼저 깊은 고마움을 전한다. '주식투자'라는 제목을 가진 이 책을 펼쳐보는 이의 기대에 부응하기 위해서는 에둘러 말할 것 없이 다음 세 가지 목적을 이룰 수 있도록 하는 것이 내 임무라고 생각한다.

첫째, 주식투자로 돈을 벌고 싶다.

둘째, 주식투자를 제대로 배우고 싶다.

셋째, 투자 고수의 이야기를 직접 듣고 싶다.

이 책은 위의 세 가지 목적을 달성할 만한 충분한 내용을 담고 있다. 책을 다 읽고 난 다음에는 우리는 서로 고마움을 느끼게 될 것이라고 확신한다.

주식을 제법 잘 알고 있는 당신이 아직도 주식투자로 돈을 벌지 못하는 이유는 무엇일까? 주식투자에 사용되는 다양한 이론적 방법 내지는 비법이라고까지 일컬어지는 것들이 실전과는 엄청난 차이가 나기 때문이다. 단순히 공부를 통해 이론적인 방법을 익히는 것과 피땀 흘려 모은 돈을 직접 계좌에 넣고 매매를 하는 것은 차원이 다르다. 내공이라는 제목에 맞추어 검술과 비교를 해보자. 훈련생은 목검을 들고 가상의 적을 떠올리며 밤낮없이 기술을 익힌다. 하지만 정작 전쟁터에 배치되어 진검을 써야 할 때가 되면 혼비백산하여 어떻게 해야 할지를 모른다. 아군과 적군이 뒤엉켜 소란스러운 전장에서 그간 익혀온 기술로 공을 세우기는커녕 내 목이 붙어 있는가를 살피기도 벅차다. 검술을 배울 때와 달리 실전에서는 내 목숨이라는 문제가 걸리기 때문이다. 그리고 목숨이 걸리기는 주식시장에서도 마찬가지다.

이 책은 단순히 이론적 방법을 가르쳐주는 것을 뛰어넘어 실전에 적용하여 성공하고 실패하면서 진정한 투자 내공을 쌓아온 지난 10년간의 이야기를 들려준다. 혈기만 가득한 스무 살 풋내기가 주식의 '주'자조차 모르고 시장에 뛰어들던 때부터 시작하여, 수많은 시행착오를 거치면서 고수로 성장해가는 과정을 생생히 기록했다.

주식시장에서 겪은 10년간의 경험은 그야말로 혹독했다. 열일곱 살 때 아버지께서 남기신 소정의 유산으로 주식투자에 첫 발을 디뎠다. 당시 나는 고등학생이었으므로 어머니께서 투자를 하셨는데 크게 실패하셨고, 졸업 후에 내가 그 일을 이어받아 전업투자자가 됐다. 순전히 주식투자만으로 동생 학비를 대고 집안을 이끌어가면서 돈도 제법 많이 벌었다. 그 일이 지인들 사이에 입소문을 타면서 위탁받은 투자자금이 수십억 원을 넘어섰다. 스물다섯 살까지 관리를 위탁받은 계좌와 자금이 수백억 원 규모가 되었는데 대세 상승장을 등에 업고 나는 승승장구했다. 그러다 2007년 서브프라임을 맞이하면서 감당하기 힘든 손실을 기록했다. 숱한 시행착오 속에 투자에 관한 나름대로의 철학과 기준을 정립했노라고 자부하고 있었기에 투자 실패로 인한 심리적 타격이 더했는지도 모르겠다.

그 절망과 좌절의 늪에서 빠져나오기 위해 집필을 시작했다. 집필 과정은 한 발 물러나 나를 되돌아보게 하는 기회가 되어주었고 심리적 치유 과정이기도 했다. 책이 출간되는 시기에 맞춰 무너졌던 주식시장도 되살아나 어느덧 역사적 신고점을 향해 달려갔고 손실 계좌들도 모두 큰 수익을 기록했다. 당시 나의 투자 철학을 신뢰하고 기다려준 지인들에게 새삼 고마움을 전한다.

알다시피 서브프라임 당시 급락장은 웬만한 강심장이 아니면 버틸 수 있을 만한 수준이 아니었다. 만 1년 동안 지수가 반토막이 났으니 말이다. 대부분 개별종목이 기본적으로 반토막이 되었으며 우량주가 아닌 경우에는 10분의 1짜리도 속출했다. 그런 상황에서 내가 어떻게 믿음을 갖고 기다릴 수 있었는지를 이야기하고자 한다.

　이 책은 크게 초기, 중기, 성숙기, 완숙기의 4단계로 나누어 어떤 경험을 통해 내가 투자에 눈이 뜨였는지 보여준다.

　먼저 초기 시절에는 기술적 분석법이 주를 이룬다. 눈앞에서 초 단위로 오가는 돈을 보며 환상을 가졌고 단지 싸게 사서 비싸게 팔아 수익을 내는 것만 생각했다. 여러 기술적 분석의 방법들을 바탕으로 차트에서 매매 신호를 발견하기 위해 기를 썼다. 하지만 얼마 동안 성공과 실패를 반복하면서 이와 같은 단기매매로는 부자가 될 수 없다는 사실을 뼈저리게 느꼈다.

　중기 시절에는 기본적 분석법이 주를 이룬다. 투자자금의 규모가 커지기도 했거니와 제자리로 돌아오기 일쑤인 단기매매의 한계를 극복하기 위해 투자 대상인 기업의 본질적인 부분을 파악하고자 노력했다. 책을 읽고 공부를 해가며 양적, 질적, 심리적 방법을 이용하여 기업의 내재가치를 측정하려는 시도를 했다. 하지만 이마저도 곧 한계에 부딪혔다. 돈의 본질을 알지 못하면 기본적 분석 역시 소용이 없다는 것을 깨달았다. 주식매매를 하는 것은 돈을 벌기 위해서이며, 기업 활동과 세계 경제도 돈을 중심으로 이뤄진다. 그러므로 돈 자체를 모르면 기술적 분석이건 기본적 분석이건 요란하게 변죽만 울리는 꼴이 된다.

　돈에 대한 근본적인 물음을 시작하면서 성숙기 단계로 접어들었다. 돈에 내포된 상징성, 의미 등을 공부하면서 거시경제에 빠져들었고 자본주의 체제와 경기변동, 세계 경제의 연동 수준을 파악했다. 그럼으로써 이때까지 다분히 피상적으로 알고 있던 인과관계들을 선명하게 이해할 수 있었다.

그런 후 완숙기 단계에 들어서 그동안의 실전 경험과 습득한 이론들을 융화하여 전체를 보는 시각, 즉 통찰력을 갖게 됐다. 그간 수많은 시행착오가 있었지만 오늘에 이르기까지 그것들이 모두 훌륭한 밑거름이 되었다고 생각한다. 이제는 다양한 방법과 이론을 상황에 맞추어 응용할 줄 알게 되었으며 돈의 큰 흐름을 꿰뚫어보면서 투자 판단을 내리고 있다.

내공은 피눈물 나는 노력과 고통으로 담금질되지 않고서는 쌓일 수 없다. 나는 각 단계별로 경험했던 다양한 투자방법의 유용성과 한계를 적어두었고 많은 에피소드를 함께 서술했다. 타고나길 이재에 밝거나 억세게 운이 좋은 사람도 있을 테지만 나는 그편에 속하지 않는다. 그래서 내가 경험한 이 많은 일들이 일반 투자자들이 겪는 과정과 많이 다르지는 않을 거라고 생각한다. 비슷한 경험을 하고서도 여전히 성공하는 투자법을 모르겠다면 이 책을 통해 차이를 발견하기 바란다.

왕초보 투자자라면 다소 내용이 어렵더라도 찬찬히 음미하며 읽기를 바란다. 성공적인 주식투자를 하기 위해서는 눈에 보이는 것들이 전부가 아니라는 사실을 반드시 알아야 한다. 그렇지 않고 마음만 급해 뛰어들었다가는 주식시장이 요구하는 엄청난 수업료를 지불해야 할 것이다. 그리고 어느 정도 투자 경험이 있는 독자라면 자신의 투자 기간을 단계별로 구분해보고 자신이 과연 어떤 단계에 이르렀는지 따져보는 것도 도움이 될 것이다. 그렇게 하면 무엇 때문에 실패하고 있는지, 앞으로 어떤 공부를 해야 할지를 명확하게 알 수 있을 것이다.

나는 이 책을 결코 쉽게 쓰지 않았다. 주식시장 외에 다른 길을 생각해본 적이 없이 지금까지 10년을 이 안에서 살았다. 그러므로 이 책에는 한 청년의 가장 황금 같은 시기의 모든 것이 담겨 있다. 수천 번의 성공과 실패의 경험, 수천 권의 독서 그리고 오랜 사색을 통해 다져온 투자 내공이 온전히 들어 있는 것이다.

부디 나의 내공이 독자들에게도 그대로 전달되어 이전과는 다른 주식투자의 세계를 접하게 되길 빈다. 그리하여 모두가 주식시장에서 영원한 승자가 되기를 바란다.

2011년 9월

이주영

차례

3장

실전 매매에서 내공 쌓기

4장

단기 수익률에 집착했던 초기 단계

투자 체험기를 시작하며

주식시장이라는 처절한 전쟁터에서 살아남으려면 어떤 방법과 기술을 알고 있어야 하는지 내가 치른 전쟁에 관해 이야기할 생각이다. 주식시장을 친근하게 느끼려면 무엇을 생각하고 바라봐야 하는지도 함께 알아보자. 시장을 친근하게 느낄 수 있을 때 여러분은 분명 투자에서 승리하고 있을 것이다.

스무살,
겁 없이 주식시장에 뛰어들다

　주식시장의 시세판을 보고 있으면 너무나 고요하다. 시세판 가득 숫자들이 끊임없이 움직이지만 이것들이 소리를 내지는 않으니까. 하지만 우리는 정신없이 바뀌는 이 숫자들을 보면서 끊임없는 아우성, 울려 퍼지는 절규를 읽는다.

　개미들은 주식시장을 안정적이고 완벽한 시스템으로 인식한다. 그래서 쉽게 생각하고 일확천금을 거둘 수 있는 기회의 공간으로 여긴다. 하지만 이곳은 그야말로 소리 없는 아우성이 가득한 전쟁터다. 고요함 속에서 수많은 사람들이 절규하는 소리를 들을 수 있다. 밖에서는 들리지 않지만 주식시장에 들어오면 어느 순간부터 그 소리는 온몸으로 느껴진다.

나는 스무 살 때부터 겁 없이 주식시장에 뛰어들었다. 그래서 죽는 줄 알았다. 지난 10년 동안 주식시장에서 겪은 일을 생각하면 그야말로 눈물이 앞을 가린다. 이곳에서 홀로 겪은 수많은 좌절과 절망, 아픔과 고난들. 조바심 내고 밤잠을 설쳐가며 하루하루 기도하는 마음으로 버텨왔던 삶을 생각한다.

하지만 이런 경험 덕분에 이제 분명히 들을 수 있다. 주식시장의 처절하면서도 소리 없는 아우성을. 아이러니하게도 처절한 아우성을 들을 수 있는 이 순간 주식시장이라는 곳이 오히려 친근하게 다가온다. 마치 가장 큰 아픔을 나누고 모든 속마음을 나눌 수 있는 친구 같은 느낌이 든다. 그토록 두렵고 힘들고 혼란스럽던 공간에서 나는 안정감을 느낀다.

'아픈 만큼 성숙한다'는 말처럼 나는 고난을 통해 성장하고 발전해왔다. 아버지가 일찍 돌아가셨다는 것은 열일곱 소년에게는 엄청난 고난이었지만 나는 그 고난을 딛고 주식시장에 모든 것을 걸 수 있었다. 주식시장의 개미로서 서브프라임이라는 악재를 맞이했을 때는 세상이 끝나는 것 같은 절망감을 느꼈지만 그 고난을 거쳐왔기에 책까지 집필할 수 있게 되었다. 만약 나에게 고난이 없었다면 젊은 나이에 돈이나 몇 푼 만지다가 되돌아올 수 없는 밑바닥으로 떨어지지 않았을까? 내 삶에 주어진 고난과 아픔 덕분에 삶의 진정한 의미를 깨닫고 감사하게 살아가는 것이 아닌가 생각해본다.

참으로 많이도 아팠던 10년이라는 시간, 그동안의 경험과 시행착오, 수많은 사색의 결과들을 여러분과 공유하고자 한다.

스무 살부터 맨땅에 헤딩하면서 주식매매를 시작했기 때문에 나의 시행착오는 이 글을 읽는 여러분의 시행착오와 비슷할 것이라 생각한다. 나의 글을 읽고 여러분의 경험과 비교해보고 나의 경험과 사색으로 깨달은 바 또한 비교해보기 바란다.

20대의 젊은 시절 꿈을 위해 열정을 갖고 도전했고 이로 인해 아파하고 절망하면서 깨달은 바를 정리해서 책으로 엮어내고, 책을 읽는 독자들에게 도움이 된다면 그보다 더 보람되고 행복한 일이 어디 있겠는가? 이것은 돈으로 따질 수 없는 행복이다. 이 책이 진심으로 여러분의 투자에 도움이 되었으면 하는 마음 가득하다.

주식시장이라는 처절한 전쟁터에서 살아남으려면 어떤 방법과 기술을 알고 있어야 하는지 내가 치른 전쟁에 관해 이야기할 생각이다. 주식시장을 친근하게 느끼려면 무엇을 생각하고 바라봐야 하는지도 함께 알아보자. 시장을 친근하게 느낄 수 있을 때 여러분은 분명 투자에서 승리하고 있을 것이다.

주식투자자로 산다는 것: 단계별 투자 이야기

당장의 이익만 쫓게 되면 투기와 투자를 구별할 수 없게 되며. 내일의 수익을 위해서라면 어떤 위험이라도 짊어지려는 미련스러운 행동을 반복하게 된다. 내일의 수익을 위해 모든 위험을 걸어야 하는 상황이 반복된다면 내일의 수익이라는 것이 무슨 소용이 있겠는가?

01.. 주식투자자로서 10년간의 소회

이제부터 나의 투자 체험기를 함께 나누어보자. 나는 주식투자를 온몸으로 해왔다. 누구의 도움도 받지 않고 홀로 공부하고 배웠다. 실제로 부딪히면서 경험을 쌓고 지식과 지혜로 가득한 책을 늘 곁에 두었으며 끊임없이 사색함으로써 성장해왔다. 나의 고민은 일반 개미의 고민과 다르지 않을 것이며 실패 역시 그러할 것이다. 또한 아주 잠깐씩 승리했다는 기분을 느꼈던 점도 똑같을 것이다. 하지만 나는 그 모든 고난, 절망, 눈물, 좌절이 나를 무너뜨리도록 내버려두지 않았다. 이를 악물고 버텼고 한 번도 흐트러진 모습을 보이지 않았다. 그 속에서 내가 무엇을 깨달았는지를 이야기하고자 한다.

내가 주식계좌를 개설한 것은 2001년 11월이었다. 계좌를 만들기 위해 홀로 증권회사를 찾아갔지만 만들 수가 없었다. 그때는 아직 미성년자였기 때문이다. 그래서 어머니를 모시고 가서야 계좌를 만들 수 있었다.

그보다 몇 년 전, 아버지가 돌아가신 후 어머니는 남겨진 유산을 코스닥시장에 투자했다. 1999년 코스닥시장이 불타오르던 시기였다. 시장은 무서운 기세로 불타올랐지만 어머니는 투자에서 실패했다. 이를 계기로 나는 고등학교 시절 내내 경제신문이나 경제뉴스에 귀를 기울였고 주식 시세에 관심을 가졌다.

그러던 중 인터넷 매매시스템인 HTS를 접했고 그 순간 주식시장은 나에게 꿈의 공간으로 탈바꿈했다. HTS로 바라보는 주식시장은 자본주의 그 자체였다. "이런 공간이 존재하다니, 이곳에서 살아남을 수만 있다면 무엇을 꿈꾸든지 이룰 수 있겠구나!" 나는 열에 들떠 외쳤다. HTS의 숫자에서는 숫자 자체보다 이면의 모습이 보였다. 실시간으로 움직이는 가격과 거래량에서 수많은 사람들의 폭풍 같은 열정과 돈과 이익을 위해 끊임없이 움직이는 인류가 보이는 듯했다.

그리고 HTS가 세계로 연결되어 있다는 것을 알게 된 순간, 나는 주식시장에 지구가 들어 있는 것처럼 느꼈다. 그리고 나는 더이상 진로 선택으로 고민하지 않았다. 제조업 중심의 우리나라 산업이

점차 성숙단계로 진입하는 시점에서 큰 꿈을 안고 열정적으로 도전할 공간은 주식시장이라고 판단했다.

물론 기회가 큰 만큼 실패할 가능성도 컸다. 하지만 혈기왕성한 스무 살 청년이 꿈과 열정을 품었는데 무엇을 두려워하겠는가? 나는 확신을 갖고 이곳에서 인생의 승부를 보기로 했다. 집에 남아 있는 마지막 현금을 주식계좌에 넣은 것이다. 홀로 되신 어머니는 큰아들을 믿어주셨고 다섯 살 어린 동생은 형의 선택을 따랐다.

직설적으로 말해서 나는 절대로 잃어서는 안 되는 돈을 가지고 주식시장에 첫발을 디딘 것이다. 마치 현재가 마지막 순간이나 되는 것처럼 모든 걸 걸었다. 얼마나 무모하고 미련한 짓인지 주식매매를 하는 사람은 알 것이다. 나는 휘발유통을 들고 불구덩이에 뛰어드는 것과 다름없는, 그야말로 명백한 자살행위를 한 것이다.

그때부터 나의 인생은 주식시장과 생사고락을 함께했다. 주가가 오르면 나는 웃었고, 행복했고, 기뻤다. 주가가 떨어지면 나는 좌절했고, 절망했고, 상처받았다. 필연적으로 위험을 감수해야 하는 주식시장에 절대로 잃어서는 안 되는 돈을 가지고 뛰어들었으니 처음부터 내 마음은 얼마나 조급했겠는가. 계좌에 넣은 돈 말고는 집에 돈이 없었고 동생 학비며 생활비를 오로지 주식매매로 마련해야 했다. 내가 얼마나 많은 밤을 뜬눈으로 지새고 눈물을 흘렸을지 아마 투자를 업으로 하는 사람이나 절박한 돈으로 투자해본 사람들은 알 것이다.

스무 살이면 세상물정 모르는 풋내기에 불과하다. 그런 나이에 집안의 전 재산을 주식계좌에 넣었으니 매일 어떤 심정이었을지 짐작이 가는가? 장담할 수 없는 불확실한 미래에 모든 걸 걸어야 하는 그런 느낌, 모든 것이 불안했고 갑작스러운 상황도 연속으로 밀어닥쳤다.

그래서 지난 10년을 생각하면 눈물이 저절로 앞을 가린다. 하루하루 모든 걸 걸었고 죽을 만큼 아팠다. 하지만 포기할 수 없었다. 주식시장은 내게 꿈의 공간이었으니까.

만약 돈만 바라보고 주식시장에 있었으면 결코 버틸 수 없었을 것이다. 그렇다 해도 현실적으로 10년 동안 버틸 수 있었던 가장 큰 이유는 내가 수익을 냈기 때문이다. 나는 돈을 잘 벌었다. 그래서 수익률도 상당히 높았다. 연 100%를 능가했다. 운 좋게도, 2002년부터 서브프라임이 터지기 전까지는 종합지수가 500을 저점으로 2000까지 올라가는 대세 상승구간이었다. 2007년에 서브프라임으로 피할 수 없는 손실이 났지만 2009년에는 100% 이상의 수익률로 복구했다.

그렇게 높은 수익을 올렸으면서 주식시장을 생각하면 눈물이 앞을 가린다고, 두려웠고 절망했다고 표현하면 앞뒤가 맞지 않는 것 아니냐고 물을지도 모른다. 하지만 일단 주식시장에 참여하게 되면 돈을 벌든지 잃든지 힘들고 괴롭기는 마찬가지다. 가장 큰 이유는 미래를 전혀 예측할 수가 없기 때문이다.

돈을 벌었다고 해서 그 돈이 영원할 수 있는가? 주식시장은 가장 위험이 큰 투자처다. 언제나 모든 곳에 위험이 도사리고 있다. 내부적으로도 외부에 의해서도 어떤 돌발변수가 나타나 계좌를 싹쓸이 해버릴지 알 수 없는 곳이다.

결국 돈을 잃고 벌고는 상관없이 주식시장에 참여하는 순간 삶이 고난으로 가득 차게 된다. 매일 변화하는 주식시장에서 항상 위험을 짊어지고 싸워야 하는 심정을 생각해보라. 과연 오늘 수익이 난다고 해서 행복할 수 있겠는가? 난 10년동안 높은 수익률을 냈다. 하지만 수익률과 내가 느낀 아픔은 별개의 문제다.

높은 수익률을 냈기 때문에 10년 동안 주식시장에서 버틸 수 있었고, 많은 지인과 친구들에게 투자를 받을 수 있었고, 수많은 사람에게 투자조언도 할 수 있었다. 그리고 처녀작인 《청춘의 투자학》도 출간할 수 있었다. 그간의 수많은 시행착오와 투자에 대한 근본적인 물음을 정리한 책이다.

그 책에서는 어떻게 돈을 벌고 어떻게 수익을 내는지에 관한 실전적인 이야기는 일부러 하지 않았다. 그보다는 투자를 하기 위해서 먼저 생각해봐야 할 더 근본적인 주제를 다뤘다. 돈의 속성과 가치의 정의, 투자와 투기의 차이점과 주식시장의 위험성 등을 특히 강조했다.

개미들이 주식시장에서 수익만 생각하는 것은 의미가 없다. 수익이 난다고 하더라도 그 수익이 영원할 수도 없고, 수익을 위해 계속해서 위험을 감수하는 투자는 파멸을 피할 수 없기 때문이다.

주식시장을 싸워서 수익을 내는 공간이 아니라 편안한 친구처럼 대할 수 있을 때 승리자가 된다. 내가 겪고 실제로 행한 기술과 방법을 함께 나누며 어떻게 투자해야 주식시장을 편안한 친구처럼 바라볼 수 있는지 함께 알아보자.

02

24시간 차트 앞을
떠나지 못했던 초기 시절

초기 시절의 나는 지나치게 무모했다. 돌이켜보면 그때는 투자를 몰랐다. 오직 투기에 빠져 있었다. 물론 당시에는 누구보다 진지했고 나의 행동이 투자라고 확신하고 있었지만 숫자를 맹신하면서 차익실현에만 주력하던 때였다.

나는 늘 주식시장 안에서 정신없이 무언가 하고 있었다. 아침 6시에 일어나서 미국의 다우와 나스닥지수를 확인하고 밤사이 일어난 세계의 사건사고와 각국 증시 동향을 살폈다. 경제신문을 4개 이상 구독하여 국내 경제뉴스를 체크한 후 오전 8시 30분부터는 동시호가에 촉각을 곤두세우며 개장 움직임을 주시했다. 그리고 오전 9시부터 오후 3시까지인 장중에는 3대의 컴퓨터와 2대의 TV로 끊임없이 정보를 받아들였다.

TV는 뉴스와 증권방송에 고정되어 있었고 컴퓨터로는 하루 종일 장중 주가 움직임을 살피는 한편 각종 회사의 공시와 뉴스를 봤다. 그리고 관심종목의 시세와 거래량, 코스피지수 선물차트를 5분봉, 10분봉, 30분봉으로 띄워놓고 있었다. 또한 각 업종의 움직임과 테마군의 상황에 촉각을 세웠고 외국인, 기관, 개인의 수급을 살폈으며 그것도 모자라 옵션의 외국인, 기관, 개인의 누적 포지션까지 수시로 확인했다.

하루 종일 거의 전 종목의 차트를 돌려 보고 모든 종목의 뉴스와 공시에 촉각을 곤두세우느라 초긴장상태였다. 그러다 보니 세상의 모든 근심과 걱정을 다 짊어지게 됐다. 기업의 사건사고와 뉴스에 지나치게 조바심을 내고 먼 어느 나라에서 발생한 사건사고까지 걱정했다.

뭐가 뭔지도 몰랐다. 그때는 그저 세상의 모든 정보를 듣고만 있었다. 무슨 내용인지도, 어떤 사건이 주식시장에 어떤 영향을 미치는지도 모르는 채 하루 종일 뉴스를 보고 증권방송을 듣고 인터넷으로 실시간 팝업되는 공시를 살폈다. 온통 모르는 용어들 투성이였기에 문장이나 말뜻을 이해할 수가 없었다.

현물과 선물의 차이도 몰랐으며, 선물옵션을 모르니 트리플 위칭 데이가 뭔지 모르고 옵션 만기도 몰랐다. 프로그램매매, 스프레드 확대, 콘탱고, 백워데이션 등 모르는 용어가 너무 많았다. 우리나라

증시가 미국 나스닥과 다우지수에 영향을 받는다는 것은 알고 있었지만 미국시장이 세계 경제에 왜 그토록 큰 영향을 미치는지 알 수 없었다.

뭐든지 열심히는 했지만 그냥 대충이었다. 미국 지수가 오르면 코스피시장도 함께 오르면서 좋은 영향을 준다, 미국 지수가 하락하면 우리 시장에도 좋지 않다, 이런 식이었다. 그런데 더욱 어이가 없는 것은 잘 알지도 못하면서 밤새 미국 지수의 움직임을 살피기 위해 잠을 못 잔 적이 많았다는 사실이다. 지금 생각하면 참 바보 같은 짓이었다.

국제뉴스에 나오는 미국의 소비자지수, 제조업지수, 실업률지수와 연준(FRB)의 금리 동향도 살폈다. 그 각각이 무엇을 의미하는지 어떻게 산출되는지를 알 리가 없었다. 단지 그에 따라 주가지수가 어떤 영향을 받는지 여론을 살피는 데 주력했다.

그 외에도 유상증자, 무상증자, 자회사 상황, M&A, 경상이익, 현금흐름, 헤지펀드 등 도대체 알 수 없는 수많은 용어들을 그저 모두 흡수하고 있었을 뿐이다. 난 당시 거의 24시간 동안 정보를 찾아다녔고 꿈에서도 주식시장 생각뿐이었다. 무언가 굉장히 열심히는 했다. 하지만 지금 와서 생각해보면 당시 나는 내가 뭘 하는지도 모르고 있었다. 뭔지도 모르고 그냥 맨땅에 삽질하듯이 그저 열심히 한 것이다.

나는 머리로 알기 전에 이렇게 온몸으로 주식시장을 체험했다. 지금은 이렇게 쉽고도 간단히 말할 수 있지만 당시에는 정말 힘들었다. 신경이 극도로 예민해져서 밤에 잠도 못 자고 일주일 동안 거의 밥을 먹지 못한 적도 있었다.

이제 와서 돌이켜보면 무식하고 미련하긴 했지만 투자를 시작하기 위해서 이런 단계를 거치는 것은 어쩔 수 없는 것 같다. 경제와 투자는 전체를 아울러 바라볼 수 있는 폭넓은 사고와 시각이 필요하다. 체계도 없이 무모하고 극성스럽기만 했으나 이러한 경험이 나중에 정식으로 공부할 때 훨씬 빠른 속도로 투자의 본질을 이해하게 해주었다. 사람들이 무심코 듣고 지나쳐버리는 경제용어의 정의가 나에게는 때로 한줄기 빛처럼 느껴질 때도 있었다. 그만큼 그 용어의 의미를 찾아 헤맸다는 증거다.

초기의 고통스러웠고 혼란스러웠던 상황을 돌이켜 생각해본다. 그때는 왜 그렇게 혼란스러웠을까? 하고 스스로에게 물어본다. 많은 이유가 있겠지만 다음 세 개의 문장으로 압축할 수 있을 것 같다.

초기의 고통과 혼란의 원인

1. 내일의 수익률과 이익만 생각했다.

2. 화려한 겉모습에 집착했다.

3. 소문이나 뉴스, 사기꾼에게 휘둘렸다.

초기 고통과 혼란의 가장 큰 요소를 뽑자면 '무지'와 '탐욕'이다. 무식하면 순박하고 착하기라도 해야 하는데 나는 무식하면서 탐욕스럽기까지 했다. 뭐가 뭔지도 모르면서 당장 돈만 벌려고 별짓을 다했으니 당연히 고통스러울 수밖에 없었고 노력하면 할수록 힘들어졌기에 사기당한 것 같은 기분을 느끼곤 했다.

내일의 수익률과 이익만을 생각하면서 결국 투자와 투기를 구별할 수 없는 지경이 되었다. 내일 돈을 벌 가능성이 있는 방법이나 기술이 있다면 나에게는 그것이 최고의 투자법이었다.

당시 내가 주식시장을 분석할 때의 초점은 '내일의 주가변동과 내일의 시세 흐름 예측'이었다. 그러니 마치 내일이 마지막인 것처럼 오늘 되도록 많은 정보를 흡수하기 위해 미련한 짓을 한 것이다. 오늘 전 종목의 차트를 돌려 보면서 이런 생각만 했다. 내일 어떤 종목이 오를까? 세력은 어떤 종목에 작업을 하고 있나? 내일의 테마주는 어떤 것일까? 오늘의 기관, 외국인, 개인은 어떤 종목에 관심을 가졌고 내일은 어떤 업종에 관심을 가질까? 오늘 기업의 사건 사고는 무엇이 있고 어떤 것이 내일 주가에 영향을 줄까? 오늘 기업의 공시에 어떤 호재와 악재가 있는가? 오늘 밤 나스닥과 다우지수는 내일 코스피시장에 어떤 영향을 줄까? 누적된 선물포지션과 옵션포지션으로 내일 시장은 어떤 영향을 받을까?

이런 수많은 정보를 바탕으로 결국 내가 알아내고자 하는 것은

'내일 시장의 상황은 어떻게 될까?' '내일 나의 관심종목은 어떻게 될까?' 하는 것뿐이었다.

하루하루가 가시방석이었다. 주가의 작은 변동에도 지나치게 조바심을 냈고 모든 뉴스와 공시와 정보를 조합해서 내일의 매매종목을 찾고 주가 움직임을 예측하려고 했다. 이러니 신경이 얼마나 날카로워지겠는가? 게다가 절대로 잃어서는 안 되는 돈으로 매매해야 했기 때문에 스트레스는 상상을 초월했다.

이런 나날이 계속되면서 나는 이익에만 집착하는 돈의 노예가 되어 심신과 영혼이 타락해갔다. 내일의 수익률과 이익에만 정신을 쏟고 화려한 겉모습에만 집착했다. 그리고 점점 떼돈과 대박의 환상에 사로잡혔다. 작전주의 화려한 폭등에 감동을 받았고 획기적인 신기술과 신산업에 마냥 열광했다. 정체를 알 수 없는 성장주를 안고 장밋빛 미래를 꿈꾸었으며 알 수 없는 뉴스와 소문 공시를 스스로 확대해석해 대박의 환상을 키웠다. 주식시장의 거대한 부와 끊임없는 돈의 흐름을 바라보며 그 부와 돈이 마치 내 것인 듯 착각에 빠져 혼자만의 상상의 나라에서 살았다.

나는 대박을 바라며 방법과 기술을 찾기 시작했다. 단기간에 대박이 나고 떼돈을 버는 사람들의 노하우를 알기 위해 노력했고 폭등할 수 있는 차트의 움직임을 알기 위해 기를 썼으며 대중이 열광하는 테마주에 집착했다.

투자법을 알고 싶어한 것이 아니라 단순히 돈을 빨리 그리고 많이 벌기 위해 조잡한 방법과 기술에만 집착했다. 나는 자본주의 체제에서 먹다 남긴 과자 부스러기나 주워 먹으려는 거지 같은 개미였다. 눈앞의 수익률에 집착하고 화려한 겉모습에만 현혹되어 급기야 사물을 객관적으로 볼 능력을 상실했다. 그렇게 진실과 거짓을 구별할 수 없게 되었으니 몰락의 길로 들어서는 건 너무도 당연한 일이다. 그러다 허황된 꿈에서 깨어나 현실로 돌아왔을 때 몇 배의 고통으로 상처받고 좌절했다.

내일의 수익 앞에서 투자 대상의 가치와 진실 따위는 중요하지 않았다. 내가 원하는 건 돈, 수익이었다. 돈이 되느냐? 대박이 되느냐? 단지 그것뿐이었다. 매매기준은 없어지고 결국은 군중에 휩쓸려 줏대 없이 매매를 반복하고 있었다. 냉철한 현실감각은 무지와 욕심에 가려 산산조각 났다. 그 무지와 욕심의 환상이 깨지고 현실을 볼 수 있게 되면 나는 또다시 머리를 쥐어뜯으며 자책하고 절망했다. 그런 악순환이 수도 없이 이어졌다.

난 완전히 맛이 갔다. 철저히 망가지고 있었다. 수익과 돈의 노예가 되어 정신이 황폐해지고 이성적 능력을 송두리째 상실했다. 이런 고통과 좌절의 나날들이 쌓이고 쌓인 한참 후에야 돈과 수익률에 대한 집착을 버리기 시작했다. 집착은 파멸을 가져올 뿐 결코 돈을 벌게 해주지 않는다는 지극히 평범한 사실을 깨닫기 시작했다.

당장의 이익만 쫓게 되면 투기와 투자를 구별할 수 없게 되며, 내일의 수익을 위해서라면 어떤 위험이라도 짊어지려는 미련스러운 행동을 반복하게 된다는 것을 깨닫게 된 것이다. 내일의 수익을 위해 모든 위험을 걸어야 하는 상황이 반복된다면 내일의 수익이라는 것이 무슨 소용이 있겠는가?

이것이 바로 개미 투자자들이 겪는 주식시장의 무섭고 살벌한 함정이다. 우리는 돈을 벌기 위해 주식에 투자한다. 주식시장에서 우리의 관심은 무엇보다 수익에 있다. 그렇지만 역설적이게도 주식시장에서 당장의 수익만을 생각하면 결국 망하고 만다.

"내일의 시장상황을 예상하고자 하는가?"

"보유종목의 내일 시세가 어떻게 될지 불안한가?"

이 질문에 진지하게 대답해보자. 혹시 이런 궁금증 때문에 조바심이 난다면 자신의 시야가 너무 좁은 것은 아닌지 진지하게 생각해보기 바란다. 당장 수익을 얻고 싶고, 날마다 계속 수익을 쌓아 대박을 내고 싶어서 안달이라면 더더욱 이 질문을 그냥 넘기지 말기 바란다. 머릿속을 비우고 잠깐 동안만 자신을 돌아보는 시간을 갖는다면 오래오래 시장에서 살아남는 계기를 만날지도 모른다. 주식시장에서 내일의 수익만을 생각한다면 풋내기 개미일 뿐이다. 내일의 수익을 뛰어넘어 더 멀리 볼 줄 알아야 한다.

가장 큰 투자위험은
나로부터 나온다

주식투자에는 많은 위험이 도사리고 있지만 가장 먼저 자신에게서 비롯되는 위험요소를 깨달아야 한다. 외부의 위험요소보다 더 위험한 것이 내면의 위험요소다. 외부의 위험은 눈에 보이지만 내면의 요소는 보이지 않기 때문이다.

일반 투자자인 개미들은 대부분 샐러리맨이다. 일정한 월급을 받고 장기간 저금해서 목돈이 마련되면 주식투자를 한다. 샐러리맨들이 대부분 재테크로 주식투자를 선택하는 까닭은 인터넷으로 손쉽게 투자할 수 있고 다른 투자보다 적은 돈으로 시작할 수 있기 때문이다. 일테면 접근성이 좋다고 하겠다.

하지만 일반 개미들에게 주식투자는 쉬운 일이 아니다. 가장 큰 이유는 직장생활 때와 달리 직접 투자를 하게 되면 돈을 대하는 철학이나 시각이 달라져야 하기 때문이다.

현재 직장인들 중에 "나는 지금의 직장생활이 너무나 행복하다"고 할 수 있는 사람이 몇이나 될까? 제조업 중심의 우리나라 산업구조상 회사는 관료제의 수직구조를 이룰 수밖에 없고 자아실현이나 자신의 꿈을 위해 일하기보다는 월급을 받기 위해 일하는 경우가 대부분인 형편이다. 물론 돈보다 더 큰 행복이나 자아를 위해 일하는 사람도 있겠지만 그런 사람은 소수에 불과하다. 대부분은 결국 돈을 벌기 위해 힘들고 고통스러워도 하루하루 버텨간다. 그와 같은 고충 속에서도 사랑하는 가족을 위해 성실히 직장생활을 하는 모든 가장에게 진심으로 존경을 표한다.

대다수 샐러리맨이 투자에 실패하는 이유

결국 돈을 벌기 위해 살아가는 삶이 대다수이며, 아니라고 부정하고 싶겠지만 이것이 현실이다. 그리고 이것은 투자에 실패하는 결정적 요소가 된다. 왜 그런지 차분히 살펴보자.

성실하게 살아가는 샐러리맨들은 월급을 굉장히 계획적으로 분배한다. 예를 들어 300만 원의 월급으로 생활을 하려면 적금, 보험료, 통신비, 생활비, 자동차 유지비, 용돈 등으로 나눠 소비를 해야 하고, 그 안에서 저축도 해야 한다. 용돈은 일주일에 10만 원, 자동차 기름값은 일주일에 5만 원 등 계획적으로 지출한다.

이렇게 계획적으로 소비를 하면서 5년 동안 매월 100만 원씩 적금을 부었다고 가정해보자. 5년 뒤에는 6천만 원이라는 목돈이 마련된다. 그러면 이를 종잣돈 삼아 재테크를 계획하는데, 재테크 대상으로 주식시장을 선택하면서부터 고난도 함께 시작된다.

주식시장에서 하루 5%의 등락은 일상적으로 일어난다. 6천만 원의 5% 변동은 300만 원이다. 생각해보자. 300만 원의 월급을 받기 위해 한 달 내내 힘든 직장생활을 하고 일주일 단위로 계획을 짜 알뜰살뜰 소비하며 겨우겨우 적금 액수를 맞춰 붓던 사람이었다. 그러던 그가 하루에 300만 원씩 왔다갔다 하는 상황을 경험한다면 돈이 어떻게 보이겠는가?

갑자기 직장생활이 하찮게 보일 수도 있다. 그리고 계획적으로 돈을 소비하는 것도 부질없이 느껴질 것이다. '그까짓 거, 주식시장에서는 몇 초 만에도 오가는 돈인데, 뭐' 하는 생각을 하게 될 것이다. 성실하게 직장생활을 하던 사람도 '6천만 원으로 한 달 10% 이상 수익을 낸다면?'이라는 환상에 사로잡혀 현실의 생활을 소홀히 할 가능성이 있다.

그리고 만약 그 환상에 이끌려 직장을 그만두고 전업투자자의 길로 들어섰다고 하자. 300만 원의 월급을 받기 위해 성실히 살아가던 사람이 매일 300만 원이 오르내리는 주가변동의 스트레스를 견딜 수 있겠는가? 주가 움직임에 안절부절 못하게 되는 것이 당연하다. 그리고 이런 조바심은 일상생활에도 심각한 지장을 준다. 모든 신경이 주식시장에 집중되어 나중에는 결국 내일 주가의 움직임, 내일의 수익이라는 문제가 머릿속을 꽉 채워버리고 만다.

샐러리맨에게 하루하루의 주가 등락폭은 무섭고 두려운 수준이다. 그 두려움을 어떻게 이기겠는가? 작은 수익에 기뻐하고 손실의 두려움에 떨다 보면 투자 따위는 없어지고 당장의 수익에 휘둘리게 된다. 주식을 보유하고 있는 동안은 그것으로부터 벗어날 수 없으므로 수익이든 손실이든 얼른 매도해버리려고 한다. 하지만 매도를 하고 나면 다시금 환상에 이끌려 금세 매수를 하고, 또 스트레스 상황에 노출된다.

일반 투자자가 투자가 아닌 투기를 하는 이유

일반 투자자 역시 투자를 할 수 없다. 투자를 한다고 말하지만 결국 내일의 수익에 집착하며 투기를 한다. 투자를 하기 위해서는 돈에 초연해야 한다. 당장의 이익을 뛰어넘어 미래를 바라보고 당장의 수익을 뛰어넘어 대상의 가치를 볼 수 있어야 한다. 일반 개미들을 무시하고 싶은 마음은 추호도 없다. 우리 모두는 미래를 볼 수 있고 대상의 가치를 볼 수 있는 능력이 있다고 생각한다. 하지만 '내 돈'이 걸린 주식시장에서 그 능력이 발휘되는 경우가 거의 없다는 것이 문제다.

무작정 주식매매의 기술과 방법을 배우는 것은 의미가 없다. 투자를 시작하게 되면 돈에 대한 철학이 중요하다. 주식시장에서 변동성이란 낮이 지나면 밤이 오고 또 낮이 다가오듯 너무나 당연한 일이다. 그렇기 때문에 아무리 철저한 계획을 세웠다 한들 순조롭게 먹히지가 않는다. 이런 이유 때문에 대부분의 일반 투자자가 실패하는 것이다. 투기와 투자를 구별하지 못하고 오로지 내일의 수익만 생각하기 때문이다.

수익 100%와
손실 100%는 다르다

나는 초기 시절 수도 없이 단타매매를 했고 단기매매기법을 이용해서 높은 수익률을 기록하곤 했다. 하지만 최종적으로, 그렇게 해서는 돈을 벌 수 없음을 몸으로 체험했다.

남들보다 높은 수익을 올리기 위해서는 많이 공부해야 하고 높은 위험을 짊어져야 한다. 어설픈 초기 시절에는 단기매매를 하는 것이 더 높은 수익률을 거두는 방법이라고 생각했다. 그래서 남보다 더 많은 돈을 벌기 위해 위험을 짊어지고 투자했다. 하지만 노력하면 할수록 늪에 빠지는 듯했다. 단기간에는 수익이 났지만 결국 마지막에는 다 잃어버리는 것이었다.

이런 초기 경험을 통해 나는 단기매매를 포기해버렸다. 위험을 높여 단기적으로 돈을 버는 행동은 피곤하고 신경 쓰이고 엄청난 스트레스의 원천이 됐기 때문이다. 나중에는 "내가 뭐 하러 이런 생고생을 하는가?"라는 생각밖에 안 들었다.

수익률과 손실률이라는 숫자의 함정

경험을 통해 알고 있었지만 애써 부정했던 숫자의 의미를 다시 생각했다. 결론부터 말하자면 수익률과 손실률은 일대일 대응이 되지 않는다는 것이다.

예를 들어보자. 100만 원으로 100만 원을 벌어 200만 원이 되려면 수익률이 100%가 나와야 한다. 그런데 200만 원이 되었을 때, 그 상태에서는 50%만 손실이 나도 원금으로 되돌아와 버린다. 일대일 대응이 되지 않는다는 것은 이런 뜻이다. 만약 일대일 대응이 된다면 100% 수익으로 100만 원을 벌었으면 손실도 100%가 났을 때 본전이 되어야 한다.

1. 100만 원에서 +100% 수익률일 때 → 200만 원

2. 200만 원에서 -100% 수익률일 때 → 0원

3. 200만 원에서 -50% 수익률일 때 → 100만 원

또 다른 예를 들어보자. 100만 원에서 50% 손실을 기록해 50만 원이 되었다고 해보자. 50% 손실을 낸 것이니 다시 50% 수익을 내면 본전이 될 거라고 생각할 것이다. 하지만 실제 계산을 해보라. 본전이 되려면 이번에는 100%의 수익을 내야 한다.

1. 100만 원에서 -50% 수익률일 때 → 50만 원

2. 50만 원에서 +50% 수익률일 때 → 75만 원

3. 50만 원에서 +100% 수익률일 때 → 100만 원

이 예를 통해 내가 하고 싶은 말은 적은 돈을 키우기는 어렵지만 큰돈에서 적은 돈으로 떨어지기는 너무나 쉽다는 것이다. 돈을 벌기도 힘들지만 돈을 지키는 것 또한 얼마나 어려운 일인지 이해가 되는가?

100%의 수익이 났더라도 그 절반의 손실이면 본전이 되어버리고, 50% 손실이 났을 때 다시 본전을 만들려면 그 2배의 수익을 내야 한다. 이것은 본전의 액수가 클수록 투자자에게 감정적으로 더 엄청난 악영향을 준다. 만약 단기간에 수익을 거둔 데 자만해서 신용이나 미수, 대출을 쓴다면 급격히 마이너스로 떨어질 것이다.

높은 위험을 감수해서 단기간으로 수익이 나더라도, 보통은 수익금을 포함하여 재투자를 하는 경향이 있으므로 위험은 더 커진다. 방금 살펴봤듯이 100만 원으로 100만 원을 벌어 200만 원이 되었지만, 200만 원을 모두 투자하여 손실을 내자 그 영향이 더 크지 않았는가.

일반 투자자들은 단기간 높은 수익을 위해 주식시장과 한판 승부를 벌이길 좋아한다. 하지만 세 번을 이겨도 한 번을 지면 지는 것이다. 다섯 번을 이겨도 한 번을 지면 지는 것이고, 설령 열 번을 이겨도 마찬가지다.

위험을 얼마 동안 계속해서 피할 수 있다고 생각하는가? 혹은 위험을 영원히 피할 수 있을 것이라 생각하는가? 극단적 예를 들자면 '100×0=0'이다. '1,000×0=0'이고, '10,000,000,000×0' 또한 결국 '0'이다. 나는 이러한 숫자적 진실을 온몸으로 체득했다.

나의 지난날을 돌이켜보면 초기 단기매매를 할 때 공부와 정보가 부족한 것은 아니었다. 기술과 방법도 부족하지 않았다. 난 분명히 일반 개미 중에서도 굉장히 똑똑했다. 하지만 결국 마지막에는 눈물을 흘리며 좌절했다. 이건 능력의 문제가 아니었다.

누구보다 노력하고 공부하고 정보를 모았으며 모든 열정을 주식시장에 쏟았다. 하지만 위험투자처인 주식시장에서 계속해서 위험을 피할 수는 없었다. 다섯 번을 이겨도, 열 번을 이겨도, 스무 번을 이겼어도 단 한 번의 실패로 모든 것이 사라져버리는 상황이 반복되었다.

이런 상황에서 위험을 관리하는 손절매라는 방법이 있다. 손절매는 더 큰 손실을 막기 위해서 손해를 보더라도 주식을 처분하는 것이다. 손실을 보는 주식을 얼른 처분하고 다른 주식을 매수해서 만회하라고들 이야기한다. 하지만 손절매 역시 해결책이 될 수 없다. 잦은 손절매는 과도한 매매를 불러오기 때문이다.

과도한 매매는 밑 빠진 독에 물 붓기다. 주식을 매매하면 매번 수수료가 발생한다. 장기로 투자할 경우 수수료는 그다지 신경 쓸 정도의 액수가 안 되지만 단기매매의 경우는 이것도 무시못할 정도가 된다. 더욱이 손실을 보고 있다고 해서 감면해주는 것도 아니다. 내가 수익을 내건 손실을 내건 상관없이 거래가 체결되기만 하면 수수료와 세금은 가차없이 빠져나간다.

또한 100만 원일 때 -10%는 10만 원이지만 1,000만 원일 때 -10%는 100만 원이 된다. 결론은 적은 돈이 큰돈이 되는 것보다. 큰돈이 적은 돈이 되는 게 훨씬 쉽다는 이야기다.

이것이 단기매매의 실상이다. 하루하루 마음을 졸이고 신경 쓰고 조바심을 내며 조금씩 수익이 나도 마지막에 남는 것은 아무것도 없게 된다. 나는 온몸으로 체험했기 때문에 이런 원리를 알고 있다. 단기매매의 위험을 이성적으로 생각해보길 바란다. 그리고 눈앞의 수익을 위해 감당하는 위험을 언제까지 피할 수 있을지도 생각해보기 바란다.

03

숫자를 맹신했던 중기 시절

초기 단계를 넘어서면서 나는 조금씩 성숙해졌다. 먼저 돈에 대한 집착을 버리고 내일의 수익을 넘어 주식시장의 화려한 겉모습이 아니라 본질을 생각하게 되었다.

그동안은 아무리 노력해도 더 깊은 늪으로 빠지는 공포를 느꼈다. 매일 최선을 다했지만 상황은 개선되지 않았다. 이런 경험을 통해 반성하면서 가장 큰 문제는 무지와 탐욕이라는 결론을 내렸다. 그리고 스스로의 무지와 탐욕에 대해 진지하게 자문했다. 결국 돈을 위한 생활을 반성하며 단순히 돈을 벌기 위해 투자를 하는 것은 모래 위에 성을 쌓는 것과 다름이 없다는 것을 깨달았다.

그때부터 돈이 아닌 기업을 보기 시작했다. 그동안 단순히 돈과 수익을 위해 주식시장을 바라보았다면 이제부터는 투자 대상의 본질이 되는 기업으로 시야를 돌린 것이다. 기업에 대해 본격적으로 연구하고 분석하면서 매일의 등락폭에 대해 신경을 덜 쓰게 되었다. 차트나 테마주, 기업 공시와 소문에도 관심이 줄었다. 본질적인 기업의 가치가 하루나 이틀, 한 달 또는 몇 달 만에 변화한다는 것은 상식적으로 말이 안 된다는 생각을 했기 때문이다.

나는 기업분석에 흠뻑 빠져들었다. 기업의 기본적인 구성요소를 비롯 모든 것을 파악하기 위해 노력했다. 초기 시절에 전 종목의 차트를 하루 종일 보았다면 이제는 전 종목의 기업을 분석하느라 여념이 없었다. 전 종목의 회사 홈페이지에 직접 들어가서 회사의 설립이념이 무엇인지 경영자는 어떤 철학으로 회사를 운영하는지를 살핀 다음 주력상품은 무엇인지 알기 위해 매출구성을 확인했고 지분구조와 자회사 상황도 파악했다. 그리고 재무제표를 분석하기 위해 대차대조표와 손익계산서를 살펴보면서 자산, 부채의 현황이나 순이익 정도, 현금흐름 등을 파악하기 시작했다.

이렇게 회사를 분석하면서 관련된 책을 읽기 시작해 투자에 관한 수많은 책을 섭렵했다. 공부를 할수록 공부의 필요성이 느껴져 더 많은 책을 갈구했다. 그리고 무엇보다 이제는 하루하루 조바심을 낼 필요가 없었고 내일을 두려워하지 않아도 되었다. 이때부터 마음에 안정을 찾고 장기적인 안목으로 투자를 바라볼 수 있게 되었으며 투기가 아닌 투자에 한 걸음 다가선 것이라 자신했다.

하지만 분명히 초기 시절보다 여유를 부리는 모습이긴 하지만 지금 생각해보면 겨우 초보 개미의 딱지를 뗀 수준에 지나지 않았다. 그래서 중기 때도 많은 시련과 고난을 겼었다. 당장의 수익에는 집착하지 않았지만 전체를 보지 못하고 기업의 작은 부분만 분석하는 수준이었기 때문이다.

주식시장에 효율적으로 접근하기 위해서는 포괄적인 사고와 본질을 꿰뚫는 통찰력이 요구된다. 단순히 개별기업만을 분석하는 데 매몰되어버리면 숲을 보지 못하고 나무만 보게 된다. 투자란 전체를 보고 부분을 보고, 다시 부분을 합쳐 전체를 볼 수 있는 통찰력이 필요한데 말이다.

중기 시절의 미숙함

1. 숫자로 미래를 예측할 수 있다고 생각했다.

2. 화려한 양적 분석에 집착했다.

3. 개별기업만 분석하고 전체를 생각하지 못했다.

4. 거만함과 자만심이 생겼다.

중기 시절에는 개별기업을 분석하고, 시중에 있는 대부분의 투자서적을 탐독하고, 대가들의 투자방법을 독파했다. 벤저민 그레이엄, 워런 버핏, 필립 피셔, 피터 린치, 존 템플턴, 조지 소로스, 제시 리버모어 등의 투자방법과 투자기술의 장단점을 파악했다.

그러는 동안 "이런 게 투자구나!" 하면서 무릎을 치며 감탄했다. 처참하고 처절한 초기 시절을 거쳤기에 실전적이면서도 논리정연한 대가들의 투자서를 접했을 때 무척 감동했다. 마치 한줄기 찬란한 빛이 나를 향해 쏟아지는 느낌이었다고나 할까. 나는 즐겁고 행복한 마음으로 모든 분야의 투자서적을 찾아 읽었다.

그리고 코스피시장에 상장된 모든 종목을 분석하고 투자 대가들의 이론에 비춰보기 시작했다. 가치투자에 첫 번째 걸음을 내디딘 때였다. 가치투자란 통상 기업의 본질적이고 내재적인 요소를 살펴 투자하는 것을 가리킨다.

주식시장에서 거래하는 유가증권인 주식을 보유하게 되면 회사의 주주가 되는 동시에 회사의 이익을 나누어 가질 수 있는 권리증서를 가진 셈이 된다. 이때부터 "주식을 사업 하듯이 하라"는 말의 참된 뜻을 알게 된다.

어떤 사업의 주인이라 생각해보자. 투자한 사업체는 먼저 돈을 잘 벌어야 한다. 이것이 바로 수익성이다. 그리고 투자한 사업체의 순자산과 부채의 비율이 적절하게 조합되어야 한다. 아무리 잘되는 사업이라도 빚이 많으면 경기가 침체되는 시기에는 버틸 재간이 없다. 이것이 안전성이다. 그리고 이익이 나면 분기별로 아니면 해마다 현금으로 이익을 분배해주면 좋을 것이다. 이것이 바로 배당이다.

이러한 가치분석의 관점으로 회사의 본질을 양적으로 살피면 다음의 세 가지 요소가 핵심이 된다.

1. 일관성 있고 적절하게 증가하는 수익성
2. 부채의 위험을 감당하는 순자산의 안전성
3. 꾸준하고 만족할 만한 배당

하지만 나는 여기서도 숫자에 집착하기 시작한다. 장기적인 안목을 갖지 않고 또다시 겉모습인 회사의 양적 요소만 봤다. 회사를 숫자로 생각하자 수익이 많이 나면 무조건 좋은 회사라고 판단하게 됐다. 또 순자산보다 부채가 적으면 무조건 좋은 회사였고, 배당을 많이 주는 회사도 무조건 좋은 회사였다.

이런 식으로 분석을 하다 보니 회사의 질적인 요소는 파악하지도 못하고 숫자만 생각했다. 투자의 기준 또한 그때그때 달라졌다. 앞서 제시한 세 가지 요소 중에서 어떤 기준으로 투자를 할지도 생각하지 않았다.

수익성, 안전성, 배당 중 상황에 따라 휘둘리며 종목을 이리저리 쫓아다녔다. 대상 기업의 미래까지 길게 바라보지 못하고 수익이 많이 나거나 순자산이 많거나 배당이 높으면 가치가 높은 것이라는 착각에 빠져 있었다. 열심히 공부했지만 또다시 결과는 비참했다. 공부를 하면 할수록 아리송해졌다.

상식적으로 그리고 이론적으로 볼 때 수익이 많이 나고 순자산이 많고 배당을 많이 주는 회사의 주가는 본래의 가치를 빨리 찾아가야 했지만 현실은 너무도 달랐다. 절망과 좌절에 빠졌다. 그리고 반성과 함께 무엇이 잘못되었는지 자문했다.

한참 만에야 내가 숫자에 과도하게 집착하고 있다는 사실을 깨달았다. 숫자는 기업의 과거와 현재의 활동을 기록한 것일 뿐이라는 사실을 망각하고 있었다. 숫자로 기업을 분석하면서 어설프게 겉멋만 늘어나지는 않았는지 반성했다.

남들도 다 아는 회계분석을 마치 대단한 지식을 갖춘 것마냥 착각하고 있었다. 기업을 분석하면서 당연히 알아야 할 EPS, ROE, PER, PBR, BPS, PSR 등과 같은 지표와 부채비율, 배당성향 등의 몇 가지 지표 그리고 대차대조표나 현금흐름표 등 재무제표상의 숫자를 보고 기업을 모두 분석했다고 착각하고 있었다.

현재의 양적 지표로 미래의 수익을 예측할 수 있는가?

나는 과거와 현재의 양적 지표에 집착하고 그것이 전부라고 생각했다. 그래서 과거와 현재에 수익이 많이 나는 기업을 무작정 매수했다. 하지만 그 수익은 이미 주가에 반영되어 있다는 사실을 알지 못했다. 수익성을 분석할 때는 과거와 현재를 바탕으로 미래의 수익을 예측해야 한다.

청산가치가 있는 저평가 회사는 안전하다고 하지만 실제로 청산할 수 있는가?

청산가치를 생각하면서 PBR이 낮은 종목만 찾아다닌 적도 있었다. 하지만 시가총액보다 장부의 가치가 떨어지는 회사는 분명히 알 수 없는 많은 문제점을 가지고 있다. 아무 이유 없이 저평가되어 있는 회사는 없다.

꾸준히 이익이 나는 좋은 회사가 저평가되었을 때 매수해야 수익이 난다. 하지만 이런 주식은 특별한 상황(전쟁, 거시경제 타격, 외부 영향)이 아니면 눈을 씻고 찾아봐도 없다.

대규모 자금을 운용하는 가치투자자들은 일반 개미들과는 투자 환경이 다르다. 회사의 순자산과 시가총액의 비율을 살피고 저평가된 종목을 분석해서, 시가총액이 순자산보다 현저하게 떨어지면 회사를 청산할 생각으로 주식을 매입한다. 만약 주가가 오르지 않으면 주식 지분을 100% 인수하고 당장 팔아치울 수 있는 유동자산을 청산해서 투자자금을 회수하는 방법이다. 저평가 가치투자자들은 주가가 오르면 시세차익을 챙기고, 오르지 않으면 회사를 통째로 사버린다. 하지만 개미들은 누구도 실제로 회사를 청산할 수 없다.

배당을 많이 주는 회사는 좋은 회사인가?

상식적으로 생각할 때 배당을 많이 주는 회사는 이익이 많이 나는 회사이며 안정적인 회사다. 하지만 주주로서 당장 이익을 챙기는 것보다 장기적인 관점에서 생각을 해보자.

회사가 이익이 나면 그것을 당장 주주들에게 배분하는 것이 옳은가? 아니면 회사의 미래를 위해 재투자하는 것이 옳은가? 이 질문에 대한 답은 자신이 어떤 투자 관점을 갖고 있는지를 여실히 보여준다.

이렇듯 양적 분석의 핵심적인 세 요소인 수익성, 안전성, 배당 또한 상황과 여건에 따라 다르게 해석된다. 나는 회사의 가치분석을 하면서 폭넓은 사고를 하지 못하고 단지 눈앞에 보이는 숫자에만 연연했다. 숫자로 미래를 예측할 수 있다고 착각하고 기업의 일부인 양적 분석에만 초점을 맞춘 것이다.

기업은 살아 움직이는 생물과 같다고들 이야기한다. 그래서 기업을 법인(法人)이라 부른다. 기업의 숫자만으로 무엇을 알 수 있단 말인가? 기업마다 경영자의 철학이 다르고 비즈니스 모델이 다르고 주력상품이 다르고 문화가 다르다. 눈에는 보이지 않지만 숫자로 표현할 수 없는 그 외 많은 요소들이 있다. 이러한 질적 요소를 무시하고 눈에 보이는 숫자에만 집착하는 행동은 누가 봐도 매우 어리석은 짓이다. 나는 이런 무식한 짓을 상당히 오래 하고서야 그것이 바보짓이라는 것을 깨달았다.

양적 분석에 초점을 맞추고 기업분석을 하면서 나는 거시경제 요소의 분석을 무시했다. 아니 사실 거시경제가 뭔지도 잘 몰랐다. 기업은 전체 경제의 일부분이라는 생각을 하지 못하고 개별기업과 전체 경기를 분리해서 생각했기 때문이다. 그러니 전반적인 경제와 경기의 모습을 볼 수 없었다. 개별기업만을 보고 투자를 하면 아무리 그 기업을 철저히 분석했고 확신이 있더라도 전체의 영향을 피할 수 없으며 결국 군중심리에 휩쓸려 투기를 하게 된다. 전체 시장이 하락하면 일반적으로 개별종목도 하락하고 전체 시장이 상승하면 개별종목도 상승한다. 이런 상황 속에서 전체 시장이 하락하면 아무리 개별기업을 분석해서 장기적인 상승을 확신하고 있다 하더라도 단기적으로 손이 떨리고 조바심이 나는 것은 어쩔 수 없는 노릇이다.

실제로 주식시장에 참여해서 매매를 하게 되면 개별적인 기업의 요소보다 외부의 영향을 더 많이 받는다는 것을 알 수 있다. 거시지표인 금리와 환율, 통화량, 외환보유고, 원자재 가격, 연방준비제도이사회(FRB)의 금리 결정, 각국의 GDP, 인플레이션과 스태그플레이션, 무디스와 S&P 등 신용평가사의 전망, 북핵 요소 등. 이렇듯 세계가 하나의 네트워크로 연결되어 있어 서로가 영향을 준다.

지금 생각하면 이런 메커니즘도 모르면서 초기 시절 미국이나 유럽, 중국 주식시장이 오르면 내일 주가가 오를 거라는 생각으로 해외 증시동향을 살피고, 각국의 생산지수, 실업률, 소비지수까지도 살펴보던 생각을 하면 웃음이 난다.

경제란 인간 활동의 총체적 산물이다. 모든 활동이 서로에게 영향을 준다는 사실을 중기 시절까지도 제대로 알지 못했다. 세계의 기축통화가 달러라는 사실은 알고 있었지만 그것의 위력을 실감할 수도 없었다. 단지 미국의 경제가 세계에 영향을 준다는 단순한 사실 정도만 알았을 뿐이다.

하지만 이러한 시장의 흐름이나 경기변동의 원인을 파악하지 못하면 개별종목을 아무리 정밀하게 분석해도, 경기침체나 후퇴 그리고 거시경제의 타격으로 개별종목이 큰 폭으로 하락했을 때는 종목에 대한 자신감조차 잃게 된다.

개별종목은 격변하는 경기변동의 흐름에 큰 영향을 받는다. 특히 우리나라는 수출가공산업 중심의 제조업이 주류를 이루고 있어서 세계 경기변동의 영향을 크게 받는다. 환율과 원자재값 그리고 원유의 가격동향이 우리나라 기업에 미치는 영향력은 상상을 초월한다.

개별기업의 분석을 뛰어넘어 세계 경제의 큰 틀과 경기의 흐름을 읽어야 미래를 예측할 수 있고 격변하는 거시경제의 영향에서 자신감을 갖고 투자할 수 있다. 그런데 중기 시절까지도 나는 기업만을 살펴보고 있었다. 그러니 기업을 철저하게 분석해놓고도 전체 시장이 무너지고 거시경제가 타격을 받으면 항상 마음을 졸였다.

빚으로 투자하면 시장이 적이 된다

돌이켜 생각하면 차라리 완전하게 무식하고 멍청했던 초기 시절이 위험관리에는 훨씬 능수능란했던 것 같다. 초기 때는 매일 가슴을 줄이면서 매매를 하고 있었기 때문에 손절매에 능했다. 잦은 매매로 큰돈을 벌지는 못했지만 크게 손실이 나지도 않았다.

하지만 중기에 들어서자 전체를 보지 못하고 부분만을 보면서도 그게 전부인 양 착각하게 되었고, 나름의 논리를 갖췄다고 자신감에 차서 위험을 감수하려 들었다. 어차피 장기적으로 보면 기업의 가치는 제자리를 찾아간다는 논리로 베팅 규모도 점점 커졌다. 그렇게 몇 번 성공을 거두면서 두려움도 없어졌다. 하지만 그 몇 번의 성공이 나를 다시 고난과 절망의 낭떠러지로 인도했다. 가슴속 깊이 감춰두었던, 이미 버렸다고 생각했던 욕심과 도전하고픈 욕망이 다시 꿈틀거렸다.

내 나름의 가치투자 논리로 몇 번의 성공을 거두고 큰돈을 만지기 시작하자 나는 완전히 겁을 상실해가고 있었다. 수익성, 안전성, 배당이라는 세 요소를 조합해 내가 판단하기에 최상의 종목을 선택한 뒤 풀 베팅을 했다. 여기서 풀 베팅은 내가 갖고 있는 현금을 몽땅 투입했다는 뜻이 아니다. 그것은 물론이고 신용과 미수라는, 절대 넘어가서는 안 될 유혹에 넘어가 스스로 덫을 놓았다. 시장상황도 좋았고 선택한 종목도 좋았다. 하지만 최상의 투자 환경을 최악의 투기환경으로 바꿔버린 장본인은 바로 나였다.

빚으로 투자하면 장기적인 전망과 시각은 사라진다. 안정된 시장상황 그리고 나의 분석력을 과신하고 나는 여러 종목에 풀 베팅(신용과 미수)을 했다. 그랬더니 그 순간부터 상황은 완전히 달라져버리고 말았다. 시장은 전혀 안정되지 못하고, 선택한 종목들에서는 여러 면들이 의구심을 자아냈다. 여기서 실패하면 안 되기 때문에, 돈을 못 버는 정도가 아니라 빚더미에 올라앉아 평생 그걸 갚으려 허덕이다 말 것이기 때문에 매일, 매순간이 전쟁이 된다. 나는 다시 탐욕스러워지고 돈에 굶주린 짐승으로 변해갔다.

그리고 결국 열 번을 성공했지만 단 한 번의 실패로 모든 것이 연기처럼 사라져버렸다('초기 경험에서 깨달은 진실 2' 참조). 나는 또다시 피눈물을 흘리며 방바닥을 긁어대면서 나의 무지와 탐욕을 반성하고 또 반성했다.

가치투자라는 시각을 견지하면서 기업을 분석하고 몇 번의 성공을 거둔 것은 사실이다. 그 성공으로 이제 나는 확실히 투기에서 벗어났다고 확신했으며 나름의 투자 논리가 생기자 위험을 짊어지려는 배짱이 생겼다. 또다시 성공을 거뒀고 배짱은 점점 커져 망아지처럼 날뛰는 상황까지 갔다. 전쟁터 같은 투자의 세계에서 자만심과 거만함으로 똘똘 뭉쳐 결국 스스로 나락행을 자처한 것이다.

이때는 정말 죽고 싶었다. 그리고 죽으려고 생각을 했었다. 도저히 감당할 수 없는 손실이었다. 그때의 자책감과 자괴감을 어떻게 말로 표현하겠는가? 절망이니 좌절이니 고통이니 하는 감정도 느끼지 못했다. 눈물조차 말라버렸다. 파란 하늘이 나에겐 회색으로 보였다. 세상이, 세상의 모든 사물이 그저 뿌옇게 보였다.

하지만 고난은 나를 한 단계 나아가게 하는 디딤돌이 되었다.

알아두면 좋지만
완전히 믿어서는 안 되는 투자 이론

수학에서는 '1+1=2'가 성립한다. 서너 살만 되어도 알 만한 아주 기초적인 계산이다. 하지만 '1'과 '+(플러스)' 그리고 '=(등호)'는 자연적인 것이 아니다. 이것은 만들어낸 기호이며 자연과는 전혀 상관이 없다. 그러나 인간은 '1+1=2'라는 기준과 약속을 바탕으로 체계화되고 발전한다.

숫자 자체는 완전한 것이 아니다. 하지만 '1+1=2'라고 정하는 우리의 약속은 완전하다. 우리는 '1+1=2'라고 배우며 '1+1=3'이라고 대답하면 바보 취급을 당한다.

가정과 이론으로 파생되는 다양한 결과들

인간은 이론을 정립하기 위해 가정을 하고 결과를 분석한다. 결과를 통해 모형과 법칙을 만들고 미래를 예측한다. 인간은 불완전하다. 그렇기 때문에 이러한 가정을 바탕으로 이론을 세우고 모형을 만들어야 한다. 이것이 불완전한 인간의 미래를 예측하는 도구가 되어주기 때문이다. 만약 이러한 예측 도구가 틀렸다고 한다면 새로운 기준에 맞추어 이론을 수정할 수 있다.

우리가 하는 모든 일은 하늘에서 떨어질 수 없다. 맞고 틀리고를 떠나서 이러한 가정과 이론은 인간의 사고체계를 넓혀주며 지식의 상아탑을 쌓게 해준다. 이론은 우리가 경험하지 않은 세계의 틀을 만들어준다. 그리고 가정과 이론을 바탕으로 많은 연구가 이루어지며 미래 어떤 결과가 나올지를 예측한다.

인류가 번영을 누리기 위해서는 사람들이 필요로 하는 재화와 서비스를 생산하고 그것을 필요로 하는 사람들에게 분배할 수 있도록 조정하는 시스템이 필요하다. 우리는 이러한 시스템을 경제라고 한다. 이러한 경제 시스템을 만들고 이론을 세워 학문으로 완성하는 데에도 가정이 필요하다.

인간은 합리적인 동물이다. 하지만 모든 순간에 합리적인가?

인간에게는 이성이 있기 때문에 합리적인 사고를 할 수 있다. 하지만 인간은 항상 합리적일 수 없다. 이성의 반대편에 감정도 갖고 있기 때문이다. 인간은 감정과 이성을 칼로 무를 베듯 나눌 수가 없다.

때문에 경제학의 '인간은 합리적인 동물이다'라는 가정하에 도출된 모든 이론과 학문은 결론이 정확하게 맞을 수 없다. 다시 말해 '1+1=2'라는 약속된 기준은 인간의 문제에서 항상 옳지만은 않다는 것이다.

인간은 합리적이기도 하지만 합리적이지 않을 때도 있다. 하지만 이런 이유로 내가 경제학을 신뢰하지 않는다는 것은 아니다. '인간은 합리적이기도 하지만 합리적이지 않기도 한 동물이다'라고 가정을 해버린다면 모든 이론은 엉망이 되고 어떤 행위에서 파생되는 결과를 논의하는 것이 의미가 없어지기 때문이다. 만약 '1+1=2'가 될 수도 있고 '1+1=3'이 될 수도 있다고 가정한다면 수학 체계는 어떻게 되겠는가?

이론과 숫자와 모형은 우리에게 미래를 예측할 수 있게 하고 문제점을 논의할 수 있는 기준점을 만들어준다는 점에서 굉장히 의미가 크다. 하지만 이론을 대할 때는 항상 비판적인 시각을 가져야 한다. 인간은 합리적이기도 하고 비합리적이기도 하기 때문이다. 그래서 경제학은 맞는 것 같다가도 아닌 것 같고, 아닌 것 같다가도 맞기도 한다.

분석이 아니라
선택이 중요하다

주식시장에서 투자를 하다 보면 수많은 정보의 홍수 속에서 갈피를 잡지 못하고 허우적거리게 된다. 이것이 좋다, 이 종목에 투자해야 한다, 이 회사가 특허를 등록하고 신기술을 개발했다 등과 같은 수많은 속삭임이 우리를 현혹한다.

나는 중기 시절에 개별기업을 분석하는 것에 집중했다. 모든 종목을 파악하고 분석해버리겠다는 열정을 품고 철저하게 임했다. 하지만 그렇게 해서 큰 수익을 올릴 수 있었느냐고 누가 묻는다면, 공부는 되었지만 큰 수익을 올리는 데 직접적인 도움이 되진 않았다고 답하겠다.

투자자의 입장에서는 분석 자체보다는 선택이 더욱 중요하기 때문이다. 개별기업을 분석하되 각 기업의 분석결과보다는 다른 기업과 어떤 차이가 있는지를 비교하여 알아내는 것이 더 중요하다. 투자자는 결국 분석이 아니라 선택을 해야 한다.

분석이 아니라
선택이 중요하다

투자 공부를 하는 친구가 나에게 물었다.

친구: 주영아, 너 혹시 아몰레드(AMOLED)와 LED의 차이점이 무엇인지 알고 있니? 어떤 산업이 더 발전할 것 같아? 앞으로의 사업 전망은 어떨까?

나: 인문학 경제경영 분야에서 투자를 공부하는 내가 이공계 최첨단을 달리는 아몰레드와 LED산업에 대해 무얼 알겠어. 만약 알고 있다 해도 인터넷이나 신문, 책에서 본 게 전부지. 그냥 다 수박 겉핥기 수준이야. 그러니 이런 내가 앞으로의 사업을 전망한다는 건 막연한 예상일 뿐이지. 잘 모르면서 투자하는 건 위험요소가 너무 큰 것 같아.

친구: 그렇구나. 그러면 넌 투자자로서 무엇을 분석하고 어떤 일을 하는 거야?

나: 아몰레드와 LED산업에 대해서 구체적으로는 모르지만 이 산업은 기술개발 경쟁이 치열하고 언제든 새로운 산업이 기존의 산업을 완전히 엎어버릴 수 있다는 건 알고 있지. 그러니까 이 산업은 장기적 인플레이션을 효과적으로 이용할 수 없다는 건 분명해. 만약 내가 이 산업에 투자를 한다면 전체 투자금 중에서 5% 이하의 비중을 둘 거야. 난 분석을 하는 사람이 아니라 최선의 선택을 하는 사람이거든. 장기적으로 인플레이션을 이용할 수 없고 미래에 대해서 예측할 수 없는 산업이라면 최소한의 비중을 둔다는 것이 나의 선택이야.

개미 투자자의 입장에서 개별종목이나 산업에 대해 분석하는 것보다 더욱 중요한 것은 선택이다. 그리고 선택을 할 때는 당연히 최고의 기업과 종목에 초점을 두는 것이 투자의 기본적인 자세라고 생각한다.

개미 투자자들은 아무리 공부를 하고 개별기업을 분석해도 전문가 그룹인 기관투자자들의 정보력이나 분석력을 따라갈 수 없다. 때문에 위험을 낮추고 최선의 선택을 하는 가장 알맞은 방법은 각각의 산업을 파악한 뒤, 관심을 둔 산업에서 일등으로 꼽히는 기업에 투자하는 것이다.

왜 꼭 일등기업에 투자해야 할까? 시장경제에서는 항상 경쟁자가 출현하게 마련이고, 경쟁자가 나타나면 가격이 떨어진다. 가격이 떨어지면 당연히 이익도 줄어든다. 그런데 경기가 침체되면 경쟁이 더욱 치열해져 열악한 기업부터 사라지고, 경쟁자가 하나둘 도태되면 일등기업이 이들의 몫까지 차지할 수 있다. 그 후 경기가 다시 회복되면 침체기에 살아남은 기업이 급격히 성장하여 일등기업의 지위를 더욱 탄탄히 하는 것이다.

주식시장의 많은 정보는 우리를 현혹한다. 그리고 현란한 신기술과 장밋빛 미래가 판을 친다. 그리고 많은 정보의 혼란 속에서 우리는 회사를 분석한다. 하지만 분석 자체에만 집중하면 안 된다. 그러다 보면 분석 대상이 되는 회사를 객관적으로 볼 능력을 상실하고 허황된 미래를 꿈꿀 가능성이 높기 때문이다. 투자자로서 가장 중요한 문제는 최선의 선택을 하는 것이라는 점을 명심하자.

숲을 볼 수 있게 된
성숙기 시절

주식시장은 정말 무서운 곳이다. 나는 정말로 죽으려고 생각했었다. 죽음에 대한 두려움은 없었다. 다만 곁에서 늘 기도하시는 어머니가 안쓰럽고 걱정되었을 뿐이다.

모든 것이 뿌옇게 보였다. 파란 하늘도 푸른 산과 들도 그저 흐릿하고 뿌옇게만 보였다. 그 속에서의 절망감과 상실감 그리고 손가락 하나 까딱할 수 없는 무력감은 도저히 말로 표현할 수가 없다.

누구를 원망할 수도, 탓할 수도 없었다. 오로지 나 자신의 탐욕과 아집, 무지와 자만이 나를 이 지경까지 몰고 온 것이다. 나는 자책감에 괴로워하며 절망 속에서 끊임없이 신음하고 상처받았다.

그러다가 길진 않지만 나의 삶을 정리해보고 싶어서 글을 쓰기 시작했다. 특히 주식시장에 들어와서 완전히 다른 내가 되어 완전히 다른 세상을 살았던 일을 차분히 정리해보고 싶었다. 이 결심은 나에게 또하나의 기회를 줬다. 글을 쓰기 시작하면서 서서히 마음의 안정을 찾았고 전화위복을 맞이한 것이다. 자책과 자괴감에서 빠져나올 수 있었을 뿐 아니라 시장에 매몰되어 있을 때는 몰랐던 수많은 오류들이 눈에 띄었으며 이것들을 수정할 수 있는 기회도 됐다.

돌이켜볼수록 내가 얼마나 무모했는지를 발견했지만 완전히 헛살지는 않았다는 것도 느꼈다. 그래도 젊은 시절 열정을 갖고 도전했기 때문에 그 경험에서 얻는 것이 많다는 생각으로 스스로를 다독이며 살아갈 힘을 되찾았다. 뿐만 아니라 지난 시간을 정리하고자 쓰기 시작한 글은《청춘의 투자학》이라는 책으로도 발행되어 나에게 더없는 행복을 가져다주었다.

위기는 기회가 되었다. 책을 저술하고 출판하는 과정에서 그간 독파했던 수많은 경제서적과 투자서적의 내용을 음미하고 재해석할 시간을 가질 수 있었다. 거기에 나의 경험까지 글로 정리하면서 경제와 주식시장에 대한 시각이 노련해졌다.

뿐만 아니다. 죽음을 생각하고 진심으로 모든 것을 내려놓자 욕망뿐인 삶에서 자유로워졌다. 돈에 대해서도 초연해질 수 있었다. 이제 죽을 사람이 유서를 쓰듯 생을 정리하는 글을 쓰는 마당에 욕망이, 돈이 무슨 의미를 갖겠는가.

이때부터 나는 보다 근본적인 주제에 물음표를 붙이기 시작했다. "돈이라는 것은 무엇인가? 돈은 어떻게 만들어지는가? 나는 무엇을 위해 돈을 벌려고 하는가?" 그전까지는 한 번도 생각해본 적 없는 주제들이다. 주식시장에 들어와 돈을 다루는 일을 하면서도 탐욕에 눈이 멀어 있었기 때문에 돈이라는 대상을 직시한 적이 없었다. 실제로 나는 돈을 앞에 두고 '너는 무엇이냐'고 물으며 독대(?)를 하기도 했다. 그 결과 이성적으로 대해야 할 돈을 감정적으로 대하고 있다는 사실을 깨달았다. 가장 이성적으로 대해야 할 상대인 돈을 사랑과 두려움이라는 감정의 대상으로 삼아온 것이다.

돈에 대한 진지한 사색과 철학이 없었기 때문에 거시경제를 이해하지 못하고 있다는 사실도 깨달았다. 간단하게 말해서 돈에 대한 가장 큰 무지함은 이것이다. 바로 '돈은 사회의 산물'이라는 사실을 간과하는 것. 물론 돈에 대해서 이론적으로 알고 있었고 돈의 가치를 결정짓는 환율과 금리, 연준(FRB)의 정책동향에 촉각을 곤두세우고는 있었다. 하지만 그 초점은 항상 내일이나 단기적인 시장동향에 맞추어져 있었다.

이때까지 헛공부를 했다는 생각이 들었다. 주식시장에서 돈을 벌고 싶어 그렇게 쫓아다녔으면서도 돈 자체에 대해서는 아무것도 모르고 있었다. 가장 본질적인 대상을 무시한 채 이를 통해 돌아가는 시장의 심리와 개별기업, 경제적 시스템을 알려고 했던 것이다.

이런 생각이 들자 다시 공부를 시작했다. 이번에는 투자에 대한 공부보다 더 근본적으로 파고들어 고전경제학과 경제학자의 사상이나 이론을 섭렵했다. 돈에 대한 생각과 보는 시각이 달라지자 예전에는 지루하기만 했던 케이지안 등 고전학파의 이론들이 갑자기 한줄기 빛처럼 다가왔다. 애덤 스미스의 국부론부터 마르크스의 자본론, 케인스의 일반이론은 물론 각종 고전들을 하나씩 탐독하고 현재의 권위 있는 경제학 이론을 집중해서 공부했다.

그리고 깨달았다. "돈은 하늘에서 뚝 떨어지는 게 아니라 인류 문명에서 으뜸 가는 지적 산물이구나."

돈은 숫자일 뿐이고 숫자에 가치를 부여할 수 있는 인간의 이성이 가장 빛나는 보배라는 사실을 드디어 알게 된 것이다. 과거와 현재 경제학자들이 쌓아올린 지성의 상아탑과 수많은 시행착오를 거치며 안정화되는 경제 체제를 확인하면서 나는 전율을 느꼈다.

또한 자본주의는 완성된 단계가 아니라 아직도 시행착오를 거치며 계속해서 수정되고 다듬어가는 과정에 있다는 것을 깨닫자 거시 경제의 혼란스러움이 이해가 됐다.

이런 시각이 길러지자 돈에 의해 실타래같이 얽혀 있다고만 생각되던 경제가 눈에 보였다. 그동안 돈의 권위와 스스로의 무지에 가려 볼 수 없었던, 복잡한 경제 지표 뒤에 숨어 있는 진실이 느껴졌다.

눈앞의 화려함이나 수많은 숫자와 권위를 보는 대신 경제학자와 정치가 그리고 은행가와 기업가 등의 숨은 의도를 파악하고 해석하기 시작했다. 숫자 자체가 아니라 모든 것은 사람이 만들고 이루어 낸다는 사실을, 역경을 뚫고 발전하는 자본주의 역사를 공부하면서 깨달았다.

그때부터 나는 또다시 변화했다. 현재의 시장이나 정책에 집착하지 않고 겉모습에 의미를 두지 않게 됐다. 내일의 시장이나 환경에 비중을 두지 않고 현상에 가려진 숨은 의도를 파악하고자 했다. 모든 것은 사람이 원인이 되고 결과가 된다는 것을 알게 되면서 정책의 방향이나 장기적인 목표의 숨은 의도가 무엇인지 알기 위해 노력했다.

이러한 사고를 하다 보니 그동안 복잡하게 보였던 자본주의 체제와 장치들이 친근하게 다가왔다. 그리고 시장과 경제를 바라보는 시각이 성숙했다. 금리와 환율, 원유와 원자재의 가격동향 등 각종 지수와 숫자가 친근해졌다. 과거에는 이런 숫자를 보고 내일의 시장과 주가동향은 어떨까에 대해서만 생각했지만 이제 돈의 가치와 경제정책의 기조 그리고 국가 간 힘겨루기 양상이 보이기 시작했다. 그리고 앞으로는 어떻게 전개될지를 스스로 판단했다.

당장의 현상만을 분석하기에 급급하다가 이제는 미래를 볼 수 있게 된 것이다. 그리고 돈을 가치 있게 만들고 경제를 활성화하기 위해서는 어떤 정책이 필요한지 생각하게 됐다.

전체를 보고 부분을 살피며 부분을 다시 전체로 합친다

이런 거시적인 관점으로 경제정책과 돈의 가치를 바라보자 정부의 경제 부양정책이나 적자정책, 통화량과 금리, 환율정책의 의도를 생각하게 되고 이것을 토대로 미래의 경제와 돈의 가치를 예측하게 됐다. 그리고 이러한 환경과 상황이 개별기업에 미치는 영향을 파악했다. 결국 개별기업은 경제의 큰 틀 속에서 하나의 구성원일 뿐이라는 것을 알았다.

전체는 부분에 영향을 주며 부분은 전체에 영향을 미친다

기업은 혼자 잘나서 큰 수익을 내거나 일류기업이 되는 것이 아니라는 사실을 깨달았다. 돈의 가치와 정부의 경제정책은 기업에 큰 영향을 미치며 대기업 제조업 중심의 우리나라 산업은 특히나 기축통화인 달러와 환율 등 거시경제 요소에 큰 영향을 받는다는 사실이 느껴졌다.

중기 시절에는 개별기업과 경제를 분리해서 봤기 때문에 개별기업은 스스로의 역량에 따라 성장하고 쇠퇴한다고 생각했다. 하지만 이러한 생각은 숲에서 자라나는 나무가 계절과 기온 등 환경과 상관없이 오직 본능에 따라 자생적으로 자라난다고 생각하는 것과 마찬가지임을 알았다. 아무리 건강하고 싱싱해도 열대지역에서 자라는 나무는 극지방에서는 살 수 없다. 아무리 푸른빛을 자랑하는 소나무도 열대지방에서는 스스로 자랄 수 없다. 어떤 나무도 계절과 주위 환경의 영향에서 벗어날 수 없듯이 기업도 환경의 지배를 받는다는 사실을 깨달았다.

환경과 계절, 날씨의 영향을 받는 나무와 비교하여 개별기업과 거시경제의 관계를 떠올리면서 이전과는 다른 새로운 흐름을 파악할 수 있었다.

개별기업을 넘어 국제 정세와 세계 경제의 흐름을 봐야 한다

세계가 돈이라는 숫자로 연결되고 인간은 누구나 생산자인 동시에 수요자라는 사실, 국가는 비교우위를 통해 효율적으로 무역을 하고 서로가 영향을 받으며 살아간다는 사실을 알았다. 그리고 무역에는 돈이 중심이 되는데 이 돈의 가치와 흐름을 원활하게 하고 신용에 불과한 종이돈의 미래가치가 불안해지지 않도록 하여 국가 간 무역이 안정적으로 이뤄지도록 하는 데에는 많은 경제학자와 정치가 그리고 철학자들과 기업가들의 엄청난 노고가 필요하다는 것도 알았다.

이러한 사실들이 눈에 보이자 각국 경제정책의 의도와 화폐가치에 대해 새롭게 인식하고 논리적인 틀을 갖게 되었다. 이러한 흐름을 바탕으로 세계의 무역과 산업의 흐름을 느낄 수 있었다.

중기 시절에는 오직 개별기업만을 생각했다. 하지만 이제는 개별기업의 분석을 바탕으로 거시경제를 파악하고 국제 정세와 세계를 바라봐야 한다는 관점을 갖게 됐다.

돈에 대한 집착이 사라지고 이성적으로 보이는 순간

이제야 그동안 접한 모든 정보가 조합되는 것이 느껴지기 시작했다. 흩어져서 휘날리던 수많은 정보가 깔끔하게 정리되는 느낌이었다. 죽음의 문턱까지 가서 욕망과 욕심을 버리고 나자 돈이 진짜 종이로 보이기 시작했다.

지난 시절 나에게 고통을 주었던 모든 시행착오들이 이제는 모두 귀중한 경험이자 자산이 되었다. 초기 시절 단기간 수익을 내기 위해 방법과 기술에 집착하면서 시장의 비이성적인 감정과 군중심리를 파악하는 안목을 얻었고, 중기 시절에는 개별기업 분석방법으로 기업을 선별할 수 있는 능력을 갖췄다. 이제 거시경제라는 큰 흐름을 보는 시각까지 생기자 비로소 주식시장이 편안한 친구처럼 느껴졌다. 더이상 이곳은 나에게 전쟁터가 아니다. 이곳은 20대의 모든 희로애락을 함께한 나의 놀이터가 되어가고 있다. 원래 미운정이 더 오래가는 법이다.

초기 주식시장에서 느낀 것이 인류의 폭풍과 같은 열정이라면, 중기와 성숙기를 거치면서는 시세판 뒤의 역동하는 인류를 볼 수 있게 되었다. 이제는 요동치는 주식시장에서 어지간한 혼란이나 위기는 그저 웃어 넘길 수 있게 된 것 같다. 이제야 좀 투자라는 일을 하는 사람처럼 느껴진다.

주식시장이
실제 경기보다 선행하는 이유

주식시장의 장세와 경기국면은 일치하지 않는다

일반 투자자들은 주식시장과 실제 경기는 일치한다고 생각한다. 그래서 대부분 경기가 좋아진다고 느낄 때 주식투자를 시작하고 경기가 나빠질 때 투자를 축소한다.

하지만 주식시장의 장세와 실제 몸으로 느끼는 경기국면은 일치하지 않는다. 보통은 '주가는 경기에 6개월 정도 선행한다'고 알려져 있다. 하지만 여기서 말하는 6개월이라는 기간은 추정치일 뿐 일률적으로 적용시킬 수는 없다. 시대가 변하면 당연히 각각의 주기에 변화가 생기기 때문이다.

주식시장과 실제 경기가 차이를 보이기 때문에 투자자들은 큰 혼란을 느낀다. 실제 몸으로 느끼는 경기와 전혀 상관없이 진행되는 주식시장의 장세변동은 자신감을 급격히 떨어뜨리고 결국 의지를 벗어나 군중매매를 하게 만든다.

주식시장과 실제 경기가 차이를 보이는 원인은 무엇일까? 이에 대해 답할 수 있다면 투자를 할 때 훨씬 노련해질 수 있다.

기업은 정부정책의 영향을 벗어날 수 없다

개별기업은 아무리 뛰어나도 거시경제의 영향을 벗어날 수 없다. 또한 개별기업의 존재 목적은 이윤추구이고 이윤이란 바로 돈이기 때문에 돈의 가치가 기업에 미치는 영향력은 절대적이다.

개별기업은 국가에 속해 있는 하나의 구성원일 뿐이다. 이론적으로 개별기업은 아무리 뛰어나도 국가를 뛰어넘을 수가 없다. 국가는 자국에 속해 있는 법인에 무한대의 조세 청구권을 가지고 있기 때문이다. 기업은 경제정책과 돈의 가치를 결정하는 통화정책, 환율, 그 외 거시경제 변수에 큰 영향을 받는다.

개별기업이라는 나무가 모이고 모여서 숲을 만든다. 그리고 숲에 가장 큰 영향을 주는 것은 날씨와 환경인데, 개별기업이라는 나무에 날씨와 환경은 곧 정부와 중앙은행이다.

주식시장은 정부정책의 영향을 받고 기업 활동에 영향을 준다

추운 겨울이 가고 따뜻한 봄이 오면 새싹이 자라난다. 새싹이 먼저 자라고 따뜻한 봄이 오는 것이 아니다. 뜨거운 여름이 가고 서늘한 가을이 오면 벼는 고개를 숙이고 낙엽이 진다. 벼가 먼저 고개를 숙이고 낙엽이 지면 서늘한 가을이 오는 것이 아니다.

주가가 선행하는 것은 이 같은 원리다. 시장의 안정적인 상황 속에서 개별기업의 활동이 극대화되고 영업이익이 상승하며 투자가 확대된다. 그런데 시장의 안정적인 상황이란 하늘에서 뚝 떨어지는 것이 아니다. 바로 정부의 안정적인 경제정책과 중앙은행의 돈 관리에 의해서 이뤄진다.

때에 따라 다르겠지만 경기가 침체되면 정부와 중앙은행은 경기부양을 위해 재정적자정책과 통화량정책을 사용한다. 그러면 시중에 돈이 풀리고 수요와 공급이 원활해지며 유동성이 증가해 주가가 상승하기 시작한다.

주가가 상승하기 시작하면서 기업과 개인들이 자신감을 회복하고 생산성과 활동성이 더욱 높아진다. 이에 따라 기업은 영업이익이 급증하여 신규투자 여력을 확보하게 되고, 개인들은 부자가 되면서 수요를 늘린다.

주가 상승이 지속되면 경기가 활발하게 돌아간다. 여기서 우리는 최고의 자신감을 가지고 있지만 과도한 생산성과 신규투자, 과도한 소비로 자원이 낭비되며 통화량 또한 너무 높아져서 인플레이션 압박이 심해진다. 돈의 가치가 손상되면 자본주의 체제는 타격을 입는다. 때문에 과도한 생산과 투자, 소비를 진정시키고 통화량을 적절한 수준으로 유지하기 위해서 정부와 중앙은행은 재정흑자정책을 사용하고 금리를 올리는 통화량정책을 사용한다.

이 시기 기업의 재무제표에는 최고의 영업이익률과 매출이 기록된다. 재무제표에 작성되는 숫자는 기업 활동의 결과이기 때문에 후행일 수밖에 없다. 따라서 언론매체에서 기업의 최고 실적을 떠들어낼 때는 주가가 최고점이거나 하락하기 시작한 시점일 가능성이 크다.

기업의 실적이 좋아져서 주식시장이 상승하는 것이 아니라 주식시장이 상승해야 기업의 실적이 좋아진다. 그 원리는 주가가 상승하여 기업이 자금을 충분히 조달하게 됨으로써 설비와 인력을 확대하고 적극적인 경영을 할 수 있기 때문이다.

펀드매니저들이 종목 선정보다 자산배분을 중요하게 여기는 이유

인류는 경제활동을 통해 서로 영향을 주고받는다. 개미들은 투자를 할 때 경제활동과 개별종목을 분리해서 생각하고 개별종목 위주로 분석한다. 하지만 모든 인간의 활동은 서로에게 영향을 미친다. 인간은 사회적인 동물이며 혼자서는 살아갈 수 없다.

자본주의 체제에서 대부분의 재화와 서비스는 분업으로 생산된다. 현재 누리는 풍요와 발전은 돈이 만들어주는 것이 아니라 근본적으로 분업을 통한 노동에 의한 것이다. 따라서 인간의 생산성과 활동은 모두 존중받아야 한다. 직업에는 귀천이 있을 수 없다.

인간에게는 모든 차이를 떠나서 공통된 자원이 있다. 모든 사람은 결국 죽는다는 점이다. 그래서 인간에게 가장 희소한 자원은 바로 '시간'이다. 시간이라는 제한을 받기 때문에 아무리 잘나고 뛰어나도 혼자 할 수 있는 것은 아무것도 없다.

나의 경우를 예로 들어보겠다. 내가 이 사회에서 살면서 지금까지 남들 눈에 보이게 뭔가를 한 것은 저술 작업이 처음이다. 하지만 나는 단지 글을 쓰기만 했을 뿐이지 책은 내가 만든 것이 아니다. 내가 혼자 어떻게 책을 만들 수 있겠는가? 글을 쓰면 수많은 교정 작업이 이루어지고 책의 컨셉에 맞게 주제와 개요를 통일시키고 디자인 작업을 한다. 그 후에는 종이와 인쇄기와 잉크가 필요하다. 또 책이 출판되면 광고와 유통이 필요하다. 이와 같이 셀 수도 없는 과정과 수많은 사람의 손을 거쳐 책 한 권이 완성된다. 내가 글을 쓰는 작업을 하는 노트북만 봐도 얼마나 많은 부품이 분업을 통해 만들어지는지 알 수 있다. 그리고 내가 글을 쓰기 위해 교육받고 공부하는 동안 의식주를 해결하는 데 도움을 준 노동력도 있다. 이처럼 수많은 사회적, 경제적 시스템을 통해 얼마나 많은 사람들의 손을 거쳐 살아왔는지 생각하면 '더불어 사는 삶'이라는 말을 절실히 느끼게 된다.

이러한 세상과 비교해 기업을 생각해보자. 기업은 분업이 핵심이다. 기업은 분업을 통해 특정 재화와 서비스를 대량으로 생산한다.

기업마다 각각 다른 산업으로 분류되더라도 서로 완전히 별개의 존재가 되지는 않는다. 산업을 넘어 영향을 주고받는다.

개인뿐 아니라 기업 역시 생산자이면서 소비자다. 기업은 생산을 위해서 토지와 노동, 자본이 필요하다. 자본(돈)은 인류가 만들어낸 모든 재화와 서비스를 교환하는 데 매개체가 된다.

한 기업이 힘들어지면 생산과 소비가 줄어들고 한 기업이 활기차게 되면 생산과 소비가 늘어난다. 물론 특정 산업과 업종에 따라 증산되는 재화의 양은 차이가 나겠지만 모든 산업은 서로에게 영향을 주고 긴밀하게 연결되어 있다. 모든 산업은 인간의 필요에 의해 만들어지고 인간을 위해서 존재하기 때문에, 기업 간 활동을 경쟁이라고 하지만 보다 근본적으로는 상생이 우선한다.

주식투자를 할 때 개별기업만 정밀하게 분석할 것이 아니라 전체 상황을 봐야 한다. 종합주가지수가 상승하면 대부분의 종목이 상승하고 종합주가지수가 하락하면 대부분 종목이 하락한다. 그래서 큰 자금을 운영하는 펀드매니저들은 종목 선정보다 자산배분을 더욱 중요하게 여긴다.

그러므로 투자자라면 경제활동은 서로에게 어떤 영향을 주고 어떻게 영향을 받는지에 대해 한번쯤 생각해보는 것이 좋다. 곰곰이 생각을 하다 보면 서로 영향을 주고받지 않는 산업이 하나도 없다는 것을 깨닫게 될 것이다. 그러다 보면 개별기업을 뛰어넘어 전체 산업을 보게 되고 거대한 흐름을 느낄 수 있을 것이다.

 흔들리지 않게 된
완숙기 시절

가장 소중하고 아름다운 것은 눈에 보이지 않는다는 사실을 완숙기에 와서 새삼 다시 깨닫게 되었다. 세상엔 눈에 보이는 것보다 눈에 보이지 않는 진실이 훨씬 많다. 그리고 눈에 보이지 않는 진실을 볼 수 있는 사람이 세상을 더욱더 현명하게 살아갈 수 있다는 생각을 하게 됐다.

눈앞에 보이는 유혹에 굴복하면 이면의 진실을 보지 못하고 당장의 욕심을 채우기에 급급해지며 이성적인 분별력이 사라진다. 심지어 욕망에 이끌려 자신의 삶을 파괴하기도 한다.

그동안 겪었던 고통과 좌절의 원인을 한 단어로 나타내면 '욕망'이었다. 화려한 겉모습만 바라보며 단기간에 남보다 많은 돈을 벌고 싶고, 잘나고 싶은 욕망이 나를 파멸로 이끌었다. 사회적으로 성공의 잣대가 되어 있는 '부자'가 되고 싶다는 욕심에 스스로의 행복을 짓밟았고, 심지어 몇 번이나 삶을 포기하려는 결심까지 했다. 하지만 숱한 혼란을 겪고 방황하면서 "나는 무엇을 위해 이렇게 하고 있는 건가?"라는 의문이 들었다. 그 질문에 답하고자 사색한 결과 점차 사회의 틀과 잣대에 휘둘리지 않으며 주체적으로 삶의 중심을 잡아갈 수 있었다.

주식시장을 처음 접하던 순간부터 초기, 중기, 성숙기를 거치면서 실패하고 방황했지만 나는 점점 성숙해갔다. 그리고 완숙기에 이르자 이전 단계보다는 세련되고 노련하게 주식시장을 바라보게 되었다. 조급증과 욕망을 철저히 극복했고 진정으로 여유를 갖게 되었다.

돈 뒤에 가려진 진실을 보라

입문 단계에서는 주식시장을 바라보며 돈을 쫓는 수많은 사람들의 폭풍 같은 열정을 느꼈다. 초기 단계에서는 단기간에 대박을 쫓는 개미 투자자들과 같이 개별종목 시세에 웃고 행복해하고 좌절하고 절망하는 과정을 겪으며 시장의 비이성적인 군중심리에 휩쓸렸다.

이후 중기에는 기업을 분석하면서 수많은 구성요소에서 핵심은 사람이라는 것을 깨달았다. 수많은 어려움과 위험 속에서 꿈과 희망을 품고 목표를 향해 달려가는 경영자와 열심히 일하는 회사의 직원들이 보였으며 심지어 직원들의 가족에까지 생각이 미쳤다. 시야가 이렇게 달라지자 초기 시절 단지 차익실현 대상으로밖에 보이지 않던 상장기업들의 이름이 또 다른 의미로 다가왔다.

그리고 성숙기 시절에는 돈의 흐름을 관리하는 사령탑 같은 존재가 눈에 보였다. 각종 경제정책을 세우고 신용화폐의 가치를 높이기 위해 노력하는 경제학자들과 정치인들이 보이고, 이들이 펼치는 각종 금리정책, 환율정책, 통화량정책과 세금정책의 의도를 읽을 수 있었다. 이와 함께 이들이 생산성과 분배 그리고 실업률을 효율적으로 관리하기 위해 애쓰는 모습이 그려지기 시작했다.

나는 드디어 경영학과 경제학, 투자학이 인문학이라는 말의 참뜻을 가슴으로 받아들였다. 그러자 그동안 숫자와 공식 그리고 각종 이론과 그래프에 가려 보이지 않던 주식시장의 역동하는 인류가 느껴졌다.

주식시장을 사람 중심으로 바라보라

경제와 투자가 사람 중심으로 보이는 순간부터 주식시장이 편안하게 느껴지기 시작했다. 심지어 아주 오랜 친구처럼 친근하다는 생각이 들었다. 숫자에 집착하고 매매기술을 찾아 헤매고 투자에 대한 이론을 배울 때는 혼란스럽기만 했던 것들이 내가 변하면서 함께 바뀐 것이다.

아무리 머리를 쥐어뜯으며 공부하고 책을 보았지만 경제와 투자는 공부를 하면 할수록 더욱 혼란스럽고 힘들기만 했다. 머리카락

빠지게 공부했던 이론이나 기술, 방법은 실전에는 적용되지도 않았다. 한때는 이것들을 이해하지 못하고 익히지 못하는 스스로의 어리석음을 탓하면서 자책하기도 했다. 하지만 나중에는 이론은 이론일 뿐이라는 걸 알게 됐다. 더욱이 투자를 성공시켜주는 기술이나 방법 같은 것은 없다는 것도 알게 됐다. 그러니 그렇게 찾아 헤매도 발견할 수가 없었던 것이다.

결국 기술적 분석도 기본적 분석도 그리고 거시경제도 실전과는 괴리가 있을 수밖에 없다는 것을 깨달았다. 이론에는 항상 가정이라는 전제조건이 붙는데 실전에서는 가정이 통하지 않는다. 사람을 중심으로 모든 걸 풀어가고 연결하면서 생각하자 혼란스럽기만 하던 모든 이론들이 하나씩 이해되기 시작했고, 이론이 태생적으로 안고 있기 마련인 한계도 뚜렷이 보였다.

이전에는 끊임없이 공부하고 노력했지만 이해할 수 없었던 경제와 투자 분야 학문이 더는 혼란스럽지 않다. 인간이 중심이 되는 모든 활동은 그 자체가 혼란이라는 것을 깨달았기 때문이다. 본질적으로 고정될 수 없고 정형화할 수 없는 인간이 경제와 투자의 주체가 되기 때문이라는 것을 알면서 비로소 환한 길로 나선 기분을 느꼈다.

나비가 어디로 갈지 알고 싶다면 날갯짓을 분석하지 말고 꽃이 어디에 있는지를 보라

이때까지 나는 나비가 단기간 어떤 움직임을 보일지 예측하는

데만 집착했다. 불규칙한 나비의 움직임과 날갯짓을 예측하기 위해 수학 공식을 도출하고 하루 종일 나비를 따라다니며 변수를 파악하려고 했지만 결국 실패하고 좌절 속에 눈물만 흘렸다. 하지만 실패가 거듭되면서 나비의 움직임이 중요한 게 아니라 나비가 가려는 목적지가 중요하다는 것을 알게 됐다.

결국 나비는 꽃을 향해 날아가게 되어 있다. 나비의 움직임을 통해 몇 초 뒤, 몇 분 뒤에 어디로 갈 것인지 예측하려는 부질없는 짓 대신 꽃이 어디에 있는지 살피기만 하면 된다는 간단한 사실을 이 때까지는 모르고 있었다. 이것을 깨닫자 나는 나비의 움직임과 날갯짓에는 완전히 흥미를 잃었다. 대신 나비의 목적지인 꽃이 어디 있는지를 생각한다.

주식시장도 마찬가지다. 방향을 예측하기 위해서는 단기간의 주가 움직임이 아니라 부의 근원을 파악하고 경제와 투자의 본질적인 목적을 생각해야 한다.

이런 관점으로 투자를 바라보자 단기적인 경제정책에는 관심이 없어졌다. 대신 어떤 거시적인 정책이 생산성을 향상시키고 실업률을 줄이고 효율적인 분배를 만들 수 있을지 생각한다. 기업을 바라볼 때도 재무제표의 단기적인 이익보다는 산업의 흐름을 느끼며 어떤 산업이 인류의 행복과 발전을 위해 더 크게 기여할 수 있는지 생각한다. 그리고 차트를 봐도 과거에는 여러 가지 보조지표를 동원해 매수, 매도 신호를 찾아내기 위해 주력했다면 이제는 대중의 심리를 먼저 생각한다.

나는 이렇게 경제와 투자의 흐름을 느끼고 목표가 분명해졌다. 이제 더는 돈을 쫓아다니지 않는다. 하지만 그렇다고 해서 경제와 투자가 이전보다 쉬워진 것은 아니다. 완숙기에 이르자 이전 단계보다는 혼란스러움이 덜하다는 말을 하고 싶을 뿐이다.

미래를 예측하는 것이 투자의 핵심일까?

과거와 현재를 바탕으로 미래를 추론하는 것과 예측하는 것은 엄연히 다르다. 미래를 예언하고 100% 확신할 수 있는 사람은 없다. 다만 추론을 할 수 있을 뿐이다. 많은 성공을 거뒀더라도 한 번의 실패로 파산하는 곳이 투자의 세계다. 나는 점쟁이가 아닐 뿐더러 미래를 확신할 수 있는 누군가가 있다고도 생각하지 않는다. 인간이 중심이 되는 경제와 투자활동에서 100% 예측은 불가능하다. 그러므로 당연히 100% 완벽한 방법이나 기술, 이론은 있을 수 없다.

그리고 이런 깨달음은 나에게 경제와 투자에 있어서의 혼란을 덜어주었다. 주식시장에서 더이상 돈이라는 숫자는 보이지 않는다. 결국 돈도 주식시장도 경제와 투자도 인간을 위해 만들어진 사회적 산물이라는 사실을 확실히 깨달았다.

'이 회사가 망하면
나라가 어떻게 될까'라는 관점

나는 이곳 주식시장에서 초기, 중기, 성숙기를 거쳐 수많은 눈물을 뿌리면서 절실하게 깨달았다. 방법과 기술로는 주식시장을 뛰어넘을 수 없다는 사실을. 모든 걸 경험한 뒤 깨달은 진리는 내가 주식시장에서 돈을 벌 수 있었던 것은 매매기법이 뛰어나서가 아니라 상장기업의 땀과 눈물 덕분이라는 사실이다.

경제활동은 전체가 부분에 영향을 주고 부분은 다시 전체에 영향을 준다. 각 기업은 따로 가는 것 같으면서도 함께 가고 다시 전체 속으로 녹아들어 간다. 이 과정에서 어떤 산업이 시대를 주도하지만 시대가 변화하면 다른 산업에 자리를 넘겨주고 쇠퇴한다. 그러므로 어느 한 시점에서 볼 때는 특정 산업이 앞서가는 것 같지만 시간이 흐르면서 평범한 산업으로 바뀌고, 어떤 산업은 뒤처지는 것 같지만 주도산업으로 부상할 수도 있다. 이런 과정 속에 전체는 조화를 이루면서 함께 나아간다.

스무 살부터 주식투자에 뛰어들었고 나름대로 성공을 거두자 친구들과 지인들, 주위사람들에게 소문이 퍼지기 시작했다. 스물다섯 살이 되던 무렵 서브프라임이 터지기 직전인 2007년에는 여러 지인들에게 투자자문을 하거나 위탁계좌도 생겨나 나의 투자 규모도 상당한 수준에 이르렀다.

알다시피 당시는 계속된 상승으로 모두가 펀드와 주식에 광분하던 시점이었다. 하지만 나는 이미 경험을 통해 방법과 기술로는 시장을 이길 수 없다는 것을 알고 있었다. 그래서 시장의 들뜬 분위기와는 달리 위탁계좌를 상담해주거나 투자를 할 때 '이 종목은 매수하면 수익이 얼마나 날까? 목표가격은 얼마 정도일까?'라는 생각 대신 '이 회사가 망했을 때 나를 원망할 사람이 있을까?' 또는 '이 회사가 망하면 나라가 어떻게 될까?' 하는 관점으로 개별종목을 바라봤다. 나는 이렇게 본능적으로 '부의 중심'을 바라보면서 투자 판단을 내렸다.

코스피 부의 원천은 무엇일까?

코스피의 '부의 원천'은 무엇인가에 대해 생각을 해본 적이 있는가? 땅덩이가 작고 자원도 부족한 우리나라는 대부분의 부가 대기업의 수출에 큰 비중을 두는 제조업에 의해 만들어진다.

말했다시피 나는 부의 원천을 생각하면서 '이 회사가 망했을 때 나를 원망할 사람이 있을까?'라는 관점으로 종목을 선정했다. 예를 들어 내가 POSCO에 투자했을 때 POSCO가 망한다고 해서 나를 원망하는 사람이 있을까? 신한은행, 현대모비스, LG화학 등은 어떤가?

나는 대부분의 종목을 코스피100 중에서도 우리나라 '부의 중심'이 되고 경기의 영향을 덜 받으며 안정적으로 운영되는 회사로 선택했다. 이처럼 신중한 종목 선정은 이후 서브프라임이라는 위기에서 큰 빛을 발했다. 물론 전체 시장이 완전히 무너지는 상황에서 주가 하락을 피할 수는 없었다. 하지만 내가 보유한 종목 중에서 하나라도 망하는 기업이 있다면 그것은 단지 개별기업의 도산이 아니라 국가의 도산 상황이라는 확신이 있었기에 흔들리지 않았다.

서브프라임 위기로 종합주가지수는 2000포인트 고점에서 890포인트까지 -60%에 육박할 정도로 무너졌다. 그리고 내가 선정한 대부분의 대형 우량주 또한 -50%라는 손실을 기록했다. 예를 들어 현대모비스는 매수단가 9만 원에서 서브프라임 때 6만 원까지 하락했고, 신한지주는 4만 원에서 1만 6천 원까지, LG화학은 9만 원에서 6만 원까지, 고려아연은 10만 원에서 3만 8천 원까지 하락했다.

모두 망연자실했지만 불가항력이었다. 종합주가지수는 별다른 반등구간도 주지 못하고 속절없이 미끄러졌다. 내가 투자자문을 해주고 있는 많은 위탁계좌들 또한 손실을 피할 수 없었다. 시장 자체가 무너지는 상황이었으므로 딱히 나를 비난하거나 탓하는 사람은 없었다. 하지만 다들 얼마나 마음을 졸였겠는가?

당시 하락이 가속화되어 종합주가지수가 1000포인트를 붕괴했을 때 많은 투자자들이 상담을 해 왔다.

투자자: 주영아, 하락이 너무 심하다. 어떻게 해야 되니? 지금이라도 팔아야 할까? 지수가 500까지 떨어진다고 하던데……

나: 우리가 보유한 주식을 보세요. 이 중에 만약 하나라도 도산을 하면 회사의 파산이 아니라 국가가 부도나는 제2의 IMF 상황이 될 겁니다. 우리의 부는 돈과 주식, 부동산, 채권에서 만들어지는 것이 아니라 기업의 생산성으로 만들어지는 겁니다.

만약 현대모비스가 망한다고 하면 울산의 부동산 가격이 어떻게 되겠습니까? 현대모비스가 망하면 현대차도 망할 테고, 그러면 국가채권의 신용도가 하락해서 환율이 폭등하죠. 그렇다고 적금을 해도 상황은 나아지지 않아요. 원화가치가 급속히 하락하게 되니까요.

부의 원천인 기업이 도산하면 결국 모두 망하는 겁니다. 주가가 떨어진다고 해서 너무 걱정하지 마세요. 어차피 지금 상황에는 어디에 투자를 해도 손실이 날 수밖에 없어요. 주식 대신 안전하게 적금을 들거나 부동산에 투자했다고 해서 부자가 되는 게 아닙니다. 그냥 다 가난해지는 겁니다.

진짜 힘들 때가 언제인 줄 아세요? 나는 그저 적금 들어가며 성실히 사는데 주위에서 자꾸 부동산이니 주식이니 투자해서 돈 벌었다고 자랑할 때일 거예요. 지금은 다 같이 망할 판이니 오히려 돈이 나는 이렇게 말하며 모든 투자자를 설득했고 내가 생각하는 '부의 중심'에 해당하는 주식을 계속해서 매수했다. 내가 선정한 종목이 망하면 어차피 나라가 망한다고 생각했다. 물론 두려움이 전혀 없었던 것은 아니다. 손이 떨리고 무섭고 눈물이 났다. 하지만 힘든 것을 내색할 수도 없었고 현실을 외면하고 도망칠 수도 없었다. 지인과 투자자들은 가슴을 졸이면서도 나를 전적으로 의지하고 있었기 때문이다. 내가 불안해하는 모습을 보였다면 그들은 주식을 전부 팔아버리고 말았을 것이다.

나는 무너지지 않기 위해 이를 악물었다. 계속해서 곤두박질 치는 주가지수를 바라보며 자괴감과 좌절에 빠지지 않으려고, 정신 줄을 놓지 않으려고 노력했다. 《청춘의 투자학》을 저술하기 시작한 것도 이때다. 책을 쓰기 시작하면서 안정을 찾아갔고 시간이 지남에 따라 주가도 조금씩 안정을 찾아갔다. 그리고 책이 출간되던 시기에 주가는 다시 1800을 회복했다.

6만 원대까지 하락했던 현대모비스는 25만 원을 호가하고 6만 원까지 떨어졌던 LG화학은 30만 원을 넘어섰으며 고려아연은 3만 8천 원의 저점에서 25만 원을 돌파했고, 신한지주도 1만 6천 원에서 4만 원을 넘어섰다.

나는 나비의 불규칙한 움직임을 주시하면서 단기간의 방향을 알기 위해 노력하는 대신, 나비가 날아갈 목적지를 생각했다. 그리고 꽃이 있는 곳에서 끈기 있게 나비를 기다렸다.

멀리 보는 투자가 되어야 한다

〈아바타〉라는 영화를 보는 내내 가슴이 무거웠다. 화려한 그래픽과 현란한 3D 기술보다 나를 사로잡은 것은 인간의 탐욕 앞에 속절없이 파괴되는 자연 그리고 강한 자가 약한 자를 무참히 짓밟아버리는 모습이었다. 영화를 보는 내내 주인공에게 감정이 이입되었다. 자연을 파괴하려는 해군을 적으로 생각하고 원주민의 승리를 간절히 바랐다.

하지만 현실의 나는 어떤가? 기업이 성장하기보다 자연을 보호하길 원하는가? 우리는 경제성장이라는 명분을 내세우며 끊임없이 과잉생산하고 과잉소비한다. 생존에 필요한 기본적인 양을 넘어 지나친 재화와 서비스를 생산하고 도로와 발전소를 짓고 더 높은 건물을 건설하고 터널을 뚫고 댐을 세운다.

영화 〈아바타〉에서는 주인공이 사냥을 하면서 사냥을 당한 짐승에게 "미안하고 고맙고 너의 죽음으로 인해 너는 나의 몸의 일부가 되고"라는 말을 한다. 그러면서 죽어가는 짐승의 아픔을 최소화하기 위해 노력한다. 비록 픽션이지만 원주민들의 자연과 조화된 삶, 공동체의 목표를 위해 서로 어깨를 잡고 기도하는 삶이 정말로 부러웠다.

그토록 감동을 받은 것도 무색하게 현실로 돌아온 내게서는 자연을 파괴하는 데 앞장선 해군 대위의 모습이 보인다. 성장과 투자라는 명분으로 자연을 파괴하는 데 지지를 보내지는 않았는지 생각해본다.

투자의 목적에서 중심이 되는 것은 언제나 인간이다. 자연을 변형하여 인간에게 쓸모 있게 만드는 것을 투자라고 한다. 때문에 언제든지 투자라는 핑계로 자연을 짓밟고 파괴해버릴 수 있다. 하지만 그런 행동은 결국 우리에게 해를 입힐 것이며 언젠가는 크게 후회하게 될 것이다. 인간은 누구나 자연에서 나서 자연으로 돌아간다는 당연한 진리를 잊어버린 대가다.

진정한 투자라면 눈앞의 이익이 아니라 멀리 보는 투자여야 한다. 당장에 돈이 되느냐 아니냐를 따질 것이 아니라 먼 미래를 보면서 긴 호흡을 가져야 한다. 그렇지만 대부분은 그렇게 하지 않는다. 당장의 돈과 당장의 수익률에만 집착할 뿐이다. 그러는 동안 우리는 더욱 깊이 상처를 입는다.

투자는 먼 미래를 봐야 한다. 당장의 욕구와 욕망을 넘어서 우리의 삶의 질과 진정한 풍요를 생각해야 한다. 그것이 성장과 수익률이라는 이름으로 자연을 개발하더라도 한계를 지어주기 때문이다. 투자의 목적이 단기간의 이익과 수익률이 전부가 되어버리면 우리는 자연을 파괴하기만 할 것이다. 그리고 결국 뼈아픈 후회의 나날을 맞이해야 한다.

사냥에 나서서 짐승을 잡았지만 기뻐하기는커녕 죽은 짐승에게 미안해하고 고마워하던 주인공의 모습, '너의 죽음이 나의 몸의 일부가 된다'던 그의 말이 가슴에 사무친다.

실전 매매에서
내공 쌓기

그동안 수많은 시행착오를 겪으면서 접한 주식매매의 방법과 기술을 생각해보면 하나도 버릴게 없다는 생각을 한다. 단지 그것의 정확한 사용법과 쓰임새를 몰랐을 뿐. 돌이켜보면 방법과 기술. 그 자체의 문제가 아니라 그 것을 적용시키지 못한 내 자신이 문제였다. 그것을 만든 사람의 상황이나 의도를 파악하려 하지 않고 오직 돈을 벌려고만 했으니 말이다.

나만의 기준과 방법이
필요하다

이제부터는 내가 주식시장에서 경험한 주식투자의 방법과 기술에 대해서 함께 평가해보는 시간을 갖도록 하자. 10년이라는 시간은 결코 짧지 않은 시간이었다. 더욱이 그 10년간은 가장 꿈 많고 혈기왕성한 나의 20대 시절이었다.

20대 청춘이었던 나는 진심으로 열정을 다해 주식시장을 대했고 아무것도 두려워하지 않았으며, 실패할 때마다 모든 것을 배움의 자세로 받아들였다. 그리고 포기하지 않고 끝까지 참고 견딘 덕분에 이렇게 주식투자의 노하우를 글로 정리해서 독자에게 전달할 수도 있게 되었다. 나에게는 정말 큰 행복이고 기쁨이다. 이것은 돈을 번 것과는 비교할 수 없는, 시장 경험이 내게 가져다준 뿌듯한 선물이다.

나는 10년 동안 주식매매의 방법과 기술을 익히기 위해 각고의 노력을 했고 배운 것을 직접 실전에 적용했다. 그 속에서 겪은 많은 시행착오를 여러분과 공유하고자 한다.

개미 투자자들은 주식시장에 발을 들이는 순간부터 혼란스러움과 시련을 맞이한다. 돈을 벌고 잃고를 떠나서, 주식투자라는 세계에 들어서는 순간부터 전쟁터의 한 병사가 되는 것이다.

대부분의 개미 투자자들이 주식시장에서 정신없음을 느끼고 돈에 따라 극심하게 변화하는 감정의 기복을 겪는다. 정신이 없는 이유는 주식시장에는 너무 많은 정보가 제공되기 때문이다. 과장해서 말하면 주식시장에서는 세상의 모든 정보가 쏟아져 들어온다. 자본주의 체제에서는 인간의 활동 자체가 모두 돈으로 연결되기 때문이다.

주식시장은 정보를 바탕으로 주식의 가격을 예측하고 측정하려는 수많은 사람이 존재한다. 때문에 주식의 가격을 평가하고 매매하는 많은 방법이 생기기 마련인데 이들이 처한 상황과 환경은 모두 다르다.

이런 이유로 다음과 같은 결론을 도출할 수 있다.

꾸준히 수익을 낼 수 있는
일반적인 방법과 기술은 존재하지 않는다.

주식투자를 하는 사람들의 상황은 천차만별이다. 요즘은 설명을 쉽기 하기 위해서 공격적, 중립적, 보수적 투자자라는 용어를 사용하기도 하지만 이것은 단지 분류를 위해 만들어졌을 뿐이다. 개인의 상황과 여건을 세밀하게 따지고 들어가면 누구도 같지 않다.

개미 투자자들은 간단하게 '꾸준히 수익을 나게 하는 주식매매의 일반적인 기술과 방법'을 원하겠지만 이를 개발하는 사람들의 환경은 천차만별인 만큼 그 결과물도 백인백색이다.

'주식투자를 한다=돈을 번다'라는 단순한 원인과 결과, 즉 행위와 목적만을 생각하고 '수익률'과 '돈'을 중시하지만 과정을 생각해보면 얼마나 많은 길이 있는지 알 수 있다.

'모로 가도 서울만 가면 된다'는 말처럼 주식해서 돈만 벌면 된다고 생각할 수 있겠으나 이러한 생각은 스스로가 고난의 길을 자초하는 것이다. 각자의 상황과 여건에 맞게 서울로 올라가야 한다. 멀

쩡한 길을 두고 산 넘고 물 건너 들짐승과 모기떼에 시달릴 필요가 있겠는가?

주식의 가격을 평가하고 예측하고 매매하는 방법은 수없이 많다. 이유는 그것을 만드는 사람들이 다양한 상황과 환경에 처해 있기 때문이며, 모두가 자신에게 맞도록 만들어내기 때문이다.

나는 이 책에서 주식매매에 관한 특정 방법이나 기술을 옹호하고 싶은 마음이 없다. 500만 원과 5천만 원, 5억 원, 50억 원 또는 5조 원 등 각기 금액이 다른 투자자금을 운영한다면 상황과 여건이 다른 것이다. 때문에 투자의 방법이나 기술도 달라진다. 나 역시 투자자금에 따라 투자방법을 다르게 하고 투자자의 성향에 따라 포트폴리오를 다르게 구성한다.

나는 10년간의 경험을 토대로 하여 초기, 중기, 성숙기, 완숙기라는 각 시기별로 내가 접했던 투자방법과 기술의 사례를 이야기할 생각이다. 그리고 각각의 유용성과 한계에 대해 내 의견을 추가하고자 한다.

나는 진심으로 여러분에게 "이렇게 하면 돈을 벌 수 있다!"고 콕 찍어서 말하고 싶다. 하지만 어쩌겠는가? 나와 여러분 모두의 상황이 다르지 않는가? 상황과 여건에 따라 최적의 주식투자 방법은 달라질 수밖에 없으므로 나의 경험을 통해 자신에게 맞는 것을 얻기 바란다.

그동안 수많은 시행착오를 겪으면서 접한 주식매매의 방법과 기술을 생각해보면 하나도 버릴게 없다는 생각을 한다. 단지 그것의 정확한 사용법과 쓰임새를 몰랐었다. 한편 생각해보면 방법과 기술이 문제가 아니라 그것을 적용시키지 못한 내 자신이 문제였다. 그것을 만든 사람의 상황이나 의도를 파악하려 하지 않고 오직 돈을 벌려고만 했던 자신을 반성할 뿐이다.

나는 체계화되어 있고 대중적으로 널리 사용되는 주식매매의 방법과 기술은 가치와 우위를 떠나서 모두 배우고 알아둘 필요가 있다고 생각한다. 투자라는 활동 자체가 인간을 중심으로 이루어지기 때문이다. 각자의 개성이 다르고 가치관이 다르고 생활습관과 환경이 다른 인간이 어떤 대상물의 가치를 평가할 때 동일한 기준으로, 객관적으로 평가한다는 것이 가능하겠는가? 그러므로 우리에게 대상물의 가격이란 규격화될 수 없다. 결국 투자도 인간이 중심이고 가치도 인간이 중심이며 가격 역시 인간이 중심이 된다.

다양한 투자의 방법과 기술을 배우고 익히면서 "이렇게 매매하기만 하면 단기간에 떼돈을 벌 수 있고 금방 부자가 될 수 있겠구나"라고 하기보다는 "사람들은 이런 방식으로 주식이라는 대상물의 가격을 정하고 예측하려 하는구나"라고 생각해야 한다.

주식시장은 돈만 있으면 누구나 참여할 수 있는 공간이다. 이곳은 모든 사람들이 투자자란 이름을 걸고 각자의 상황과 여건에 따

라 수익이라는 목표를 향해 달려간다. 경제학 박사, 정치인, 금융가, 수학자, 공무원, 주부, 학생 등 누구나 이곳에서는 똑같은 대우를 받는다.

때문에 주식시장은 격변이 일어나고 늘 혼란스럽기도 하다. 이곳에서는 규칙이라는 것이 정해질 수 없다. "내 돈 주고 내가 사고판다는데……"라고 고집한다면 누가 이길 수 있단 말인가?

수많은 방법과 기술을 접할 때는 이를 통해 단지 돈을 빠르게 많이 벌 생각만 할 것이 아니라 주식의 가격과 가치를 다양하게 평가하기 위해 누군가 열심히 노력했고 시도했다는 점을 생각해야 한다. 주식시장에는 든든한 배짱 하나 믿고 뛰어든 사람만 있는 것이 아니다. 역사적 데이터를 분석해가며 그 안에서 어떤 패턴이 존재하는가를 발견해내고자 하는 사람도 많았다. 예컨대 윌리엄 오닐은 50년간의 신고가 종목을 분석하여 'CAN SLIM'이라는 성장주 투자기법을 완성했고, 랠프 넬슨 엘리어트는 주가변동이 만들어내는 파동을 분석하여 '엘리어트 파동이론'을 제창했다.

이들뿐 아니라 시장에 참여하는 많은 이들이 거창하건 소소하건 간에 자신의 매매에 어떤 기준을 마련하기 위하여 고군분투한다. 이 말은 곧 시장에는 어떤 상황에서도 통하는 정답이 없다는 말이기도 하다. 만약 언제나 들어맞는 것이 있다면 그토록 많은 기법들이 쏟아져 나왔을 리가 없고, 그토록 많은 이들이 투자 실패로 시장에서 쫓겨났을 리가 없지 않은가.

나는 이런 관점으로 주식매매의 기법들을 바라본다. 그리고 이런 관점은 특정 방법에 연연하지 않고 상황에 따라 유연하게 적용하는 능력을 높여준다. 다음 장부터는 내가 경험한 각 시기별 매매 방법의 강점과 약점을 함께 짚어가도록 하자.

단기 수익률에 집착했던 초기 단계

차트매매는 나비의 움직임을 예측하려는 시도와 같이 쉬운 것 같으면서 어려워 보이고, 어려운 것 같으면서 쉬워 보인다. 단순하게 나비의 작은 몸짓과 날갯짓만 따라가면서 움직임을 예측할 수도 있다. 하지만 그렇게 단기적인 움직임만 쫓아가다가는 잠시 방향을 벗어나는 상황, 수익과 손실이 뒤바뀐 상황에 직면했을 때 돌아버릴 것 같은 극심한 스트레스에 시달리게 된다.

네 장의
주식투자 평가일지

초기 시절에는 눈앞의 돈과 수익률에 집착해서 단기매매에 집중했다. 이때는 투자와 투기의 차이도 몰랐다. 주식매매의 목표는 오직 내일의 수익률에 있었다. '나에게 수익을 주면 우량주, 나에게 손실을 주면 부실주'라는 증권가의 우스갯소리가 있는데 당시 나는 실제로 그렇게 생각하고 있었다. 수익을 낸 종목은 좋은 주식, 손실을 낸 종목은 나쁜 주식, 나에게는 주식이 이렇게 두 가지로 나뉘었다.

이 시기에는 보통 아침 7시에 일어나 밤 12시까지 모든 시간을 주식매매에 보냈다. 주식시장이 열리고 있는 오전 9시부터 오후 3시까지는 점심도 거른 채 TV 2대와 컴퓨터 3대를 켜놓고 장중의 모든 움직임에 촉각을 곤두세웠다. TV 2대로는 증권프로그램과 뉴스를 시청했고 3대의 컴퓨터로는 실시간으로 지수와 개별종목의 움직임

그리고 기업 공시와 기업뉴스 등의 정보를 얻기 위해 노력했다.

부끄럽긴 하지만 더욱 현실성을 살리고 설명을 쉽기 하기 위해 투자일지 기록표를 공개하도록 하겠다. 스무 살 초기 시절에 만든 것으로 총 네 장으로 구성되어 있다.

매매일지를 살펴보면 초기 시절 정신없었던 나의 모습과 사고를 생생히 보여준다. 매매일지는 각각 시장분석, 투자주체, 보유종목 분석, 잔고평가를 기록하게끔 되어 있다. 각각의 일지에 대해서 설명해보겠다.

표 1: 시장분석

시장분석이라는 이름을 가지고 있는 표 1은 종합주가지수와 코스피200 선물지수, 코스닥지수와 미국 나스닥지수의 시세와 변동성을 기록하고 기술적 분석을 이용하여 지지선과 저항선을 예측했다. 그리고 차트분석을 중심으로 이동평균선과 거래량 그리고 여러 가지 보조지표를 이용해서 시장을 전망하고 분석했다. 지수에 영향을 미치는 대형주의 시세도 기록하고 환율과 고객예탁금, 금리 그리고 금의 가격을 기록했다. 여기서 알 수 있는 부끄러운 초기 모습은 시장의 움직임과 시세에 지나치게 집착하고 기술적 분석에 전적으로 의지하고 있다는 사실이다.

표 2: 투자주체

표 2에는 외국인과 기관을 중심으로 가장 많이 매수하고 매도한 종목을 1위부터 9위까지 기록했고 관심 있는 종목을 선정했다. 그리고 외국인과 기관, 개인으로 구분되는 세 주체들이 코스피와 선물(근월물), 코스닥을 얼마나 매수하고 매도했는지 기록했다. 여기서도 단기적인 수급에 집착하고 외국인과 기관의 움직임 역시 단기적으로 파악하려고 했다는 사실을 알 수 있다.

아래 쪽의 투자주체라는 항목에서는 시장이 외국인, 기관, 개인 중 누가 주도하는 장세인지를 파악하려 했다. 또한 테마업종의 동향을 지켜보고 주도업종을 찾으려고 했다. 그리고 기업의 특별한 공시나 뉴스를 따로 기록했다. 때문에 자동적으로 테마매매와 공시매매까지 겸하고 있었다. 맨 아래 적혀 있는 주의사항을 보니 그때의 상황이 떠올라 웃음이 나오기도 한다.

표 3: 보유종목 분석

표 3은 매일 시세와 수익률에 얼마나 집착하고 있는지 실감나게 보여준다. 매일 보유종목의 가격과 수량을 기록했고 손절매와 목표가를 정하고 평가했다. 그리고 신규로 매수, 매도를 실행한 주식 그리고 예약종목까지 적혀 있다. 보유종목의 호재나 악재가 되는 기사와 공시까지 기록하고 관심종목을 10개나 따로 적었다. 이렇게 매일 보유주식의 가격변동에 집착하고 가격에 대한 평가를 하고

주영이의 주식투자 평가일지(시장분석)					
200. . . 요일					
종합주가지수	P △▽ %	지지	저항	전망	평가
이동평균선	거래량	스토캐스틱	투자심리	기타보조지표	전망
선물지수	P △▽ %	지지	저항	전망	평가
이동평균선	거래량	스토캐스틱	투자심리	기타보조지표	전망
코스닥지수	P △▽ %	지지	저항	전망	평가
이동평균선	거래량	스토캐스틱	투자심리	기타보조지표	전망
나스닥지수	P △▽ %	지지	저항	전망	평가
이동평균선	거래량	스토캐스틱	투자심리	기타보조지표	전망
삼성전자	△▽ 종가	지지	저항	전망	평가
SK텔레콤	△▽ 종가	국민은행	종가 △▽	한국전력	POSCO
원/달러 △▽		엔/달러 △▽		유로/달러 △▽	평가
일본니케이지수 △▽		싱가포르지수 △▽		대만 △▽	평가
고객예탁금 △▽		콜금리 △▽		금(온스/달러) △▽	평가
종합평가 및 대응					

주영이의 주식투자 평가일지(투자주체)						
200. . . 요일						
외국인	매수상위	1 2 3	4 5 6	7 8 9	관심	
	매도상위	1 2 3	4 5 6	7 8 9	관심	
코스피		코스닥		선물(근월물)		
기관	매수상위	1 2 3	4 5 6	7 8 9	관심	
1. ( ) 2. ( ) →	매도상위	1 2 3	4 5 6	7 8 9	관심	
코스피		코스닥		선물(근월물)		
개인	코스피		코스닥		선물	
투자주체				평가		
테마주				평가		
주도업종	코스피		코스닥		평가	
오늘의 사건 및 사고						
TOP NEWS						
주의사항	1. 종합주가지수의 스토캐스틱 신뢰도는 80%이다. 2. 시장 분위기에 휩쓸리지 말며 객관적이고 냉정하게 분석한다. 3. 거래량과 이동평균선을 잘 살피며 지지선과 저항선을 예상해본다. 4. 매도는 빠르면 빠를수록 좋다. 5. 손절매를 목숨 걸고 사수한다. 6. 원칙 매매를 고수한다.					

주영이의 주식투자 평가일지(보유종목 분석)							
200. . . 요일							
보유주식	수량	가격	기술적 분석	손절매	목표가	전망	평가
1.							
2.							
3.							
4.							
5.							
6.							
7.							

신규 매수		매도 실행	
매수 예약		매도 예약	

보유종목 기사	호재	악재

신규 매수		평가	
매도 실행		평가	

매수추천	1.	2.	3.	4.	5.
	6.	7.	8.	9.	10.

평가 및 반성	

표 4 | 주식투자 평가일지(잔고평가)

주영이의 주식투자 평가일지(잔고평가)					
200. . . 요일					
종목	수량	매수단가	매도단가	손익	평가
				+ −	
				+ −	
				+ −	
				+ −	
				+ −	
				+ −	
				+ −	
				+ −	
				+ −	
				+ −	
				+ −	
				+ −	
				+ −	
				+ −	
				+ −	

손익 합계					

평가		확인

목표금액	목표수익률	이상	이하	평가

뉴스와 소문과 공시를 확인했기 때문에 주식매매가 단기적으로 될 수밖에 없었다.

표 4: 잔고평가

표 4의 잔고평가 일지에는 실제로 매수, 매도한 종목의 손익을 평가했다. 스스로 생각한 목표금액도 있었다. 그러므로 당연히 목표수익률도 있었다. 목표금액이 있고 목표수익률이 있으니 매매가 얼마나 단기적으로 이루어지는지 알 수 있다. 하지만 매번 목표수익률은 나만의 목표일 뿐이었다.

초기 시절 하루 평균 두 시간 정도에 걸쳐 이와 같은 네 장의 평가일지를 작성했다. 이들을 살펴보면 초기 시절의 투기적인 매매습관이 여실히 드러난다. 기술적 분석으로 지지선과 저항선을 정하고 매일 목표금액과 손절매를 정해놓고 단기매매를 했다. 그리고 외국인과 기관 따라 하기와 테마매매, 공시매매까지 하고 있다. 기업의 가치나 본질적인 평가를 하는 과정 자체가 없다는 것을 알 수 있다.

이 외에도 장중에는 차트를 띄워 실시간으로 주가 움직임을 체크했다. 전 종목의 차트를 보면서 기술적 분석으로 관심종목을 선정하고 상한가 따라잡기에도 동참했다. 속된 말로 주식시장에서 돈 따먹기를 하려고 별짓을 다 했었다.

차트 속에서
떼돈의 환상을 보다

기술적 분석이란 과거 및 현재의 주가와 거래량의 변동을 연구하여 일련의 규칙성과 특징을 찾아내고, 이를 통해 미래의 가격변화를 예측하고자 하는 기법이다. 초기 시절 나는 주로 기술적 분석을 이용해서 차트로 장세를 전망하고 종목을 평가했었다.

본질적인 요소는 생각하지도 않고 차트 속에 떼돈이 들어 있다고 생각했다. 그래서 코스피200 차트는 하루도 빼놓지 않고 봤으며 때로는 전 종목의 차트를 살펴봤다. 그리고 오전 9시부터 오후 3시까지 장중에는 3분봉, 5분봉, 10분봉 차트를 열어놓고 점심도 거르며 지켜봤다.

차트매매는 종목에 관계없이 분석방법이 같다. 그래서 널리 쓰일 수 있고 배우기가 쉽지만 실전에 적용하기는 쉽지 않다. 같은 차트를 보더라도 해석을 다르게 할 수 있고 많은 융통성을 두기 때문에 반드시 매수, 매도라고 정하는 것은 의미가 없다.

차트의 그림만 보면 돈 벌기가 쉬워 보인다. 돈 벌기란 단지 차트를 보고 낮은 가격에 주식을 매수해서 높은 가격에 매도하면 되겠다는 생각이 든다. 하지만 실제로 투자를 할 때 차트만 보는 것은 위험하다. 차트분석은 수학 공식이 아니다. 단지 과거의 차트패턴을 참고하여 "이런 모습이 되면 앞으로 이렇게 되겠지?"라고 추론하는 것에 지나지 않는다.

나는 차트로 별짓을 다 했고 실제로 돈도 많이 벌어봤다. 내가 얼

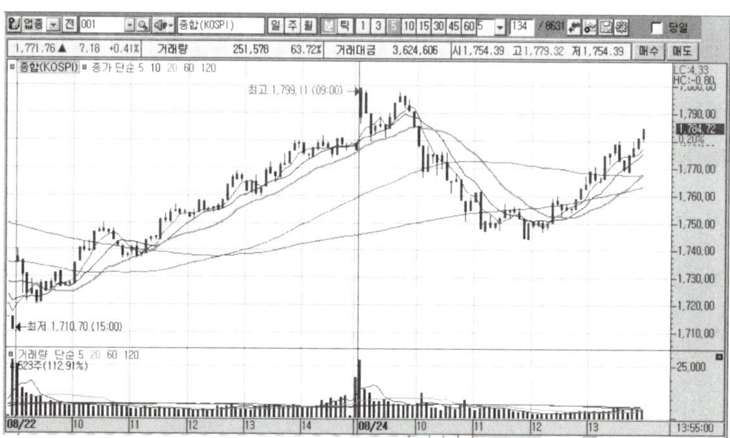

(※ 5분봉 차트는 5분 간격으로 봉이 하나씩 추가되면서 주가의 움직임을 보여준다.)

114

마나 극성스럽게 차트매매에 집착했는지는 실시간으로 5분봉, 10분봉 같은 분 단위 차트를 봤다는 것만 봐도 알 수 있다.

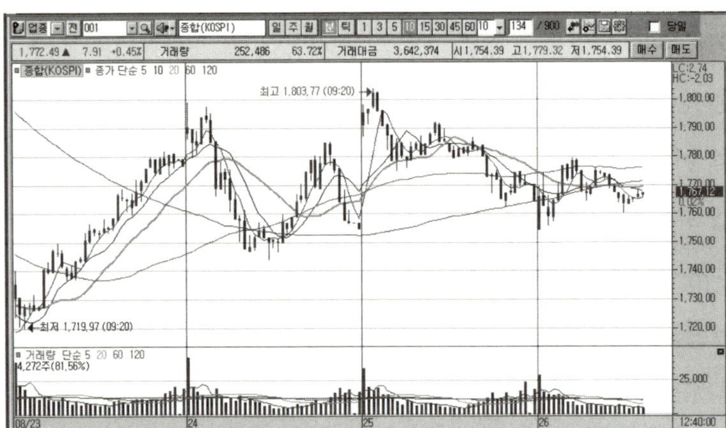

(※ 10분봉 차트는 10분 간격으로 봉이 하나씩 추가되면서 주가의 움직임을 보여준다.)

차트매매는 쉽게 생각하면 쉬울 수 있지만 또 어렵게 생각하면 한도 끝도 없다. 마치 나비의 움직임처럼 단기적인 나비의 움직임을 예측하려는 시도가 쉬운 것 같으면서도 어렵고, 어려운 것 같으면서 한편 쉬워 보이는 것과 같다. 하지만 나비의 작은 몸짓과 날갯짓만 따라가다가 잠시 동안 방향을 벗어나서 수익과 손실이 뒤바뀔 수 있는 상황에 직면하면, 장담컨대 돌아버릴 것 같은 극심한 스트레스를 받게 될 것이다.

(※ 기본 차트에는 봉과 이동평균선, 거래량이 표시된다.)

이렇게 가격과 거래량과 이동평균선의 흐름을 보면서 분석하는 사람도 있고 이것만으로는 부족해서 거래량과 가격을 이용해 다양한 투자기법을 만드는 사람도 있다.

간단히 예를 들자면 차트 3과 4는 같은 시점의 차트다. 3에는 보조지표가 없고 4에는 많은 보조지표가 설정되어 있다.

너무나 어지럽다고 생각되겠지만 실제 보조지표는 이것보다 훨씬 많다. 보조지표는 크게 변동성, 모멘텀, 시장강도, 가격, 거래량 등으로 나누어져 있다.

하지만 나는 차트를 볼 때 보조지표를 전혀 사용하지 않는다. 초기 시절 많은 보조지표를 참고했지만 보조지표는 가격과 거래량을 다르게 표현한 것일 뿐이라는 사실을 깨달았기 때문이다.

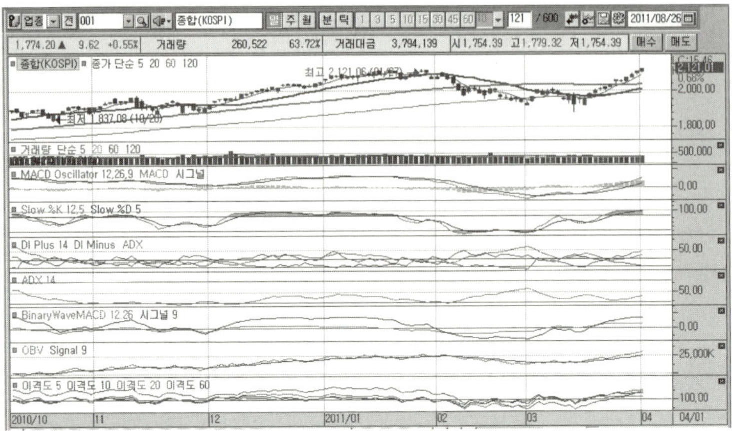

(※ 투자자가 필요하다고 생각되는 보조지표를 골라 직접 설정한다.)

나는 본질적인 원리에 입각해서 기술적 분석을 설명하려고 한다. 투자에서 본질적인 요소는 결국 우리 자신이다. 차트 자체의 기술에 집중하는 것보다는 차트에 나타나는 보다 근본적인 인간 심리의 원리를 생각해보자.

03.. 차트의 파동을 통해 보는 투자자의 심리

실전 매매에서는 많은 기술적 분석의 방법 중에서 실전에서 주로 참고하고 적용하는 것을 소개하겠다. 나는 기술적 분석을 위해 차트를 볼 때 주로 가격과 거래량만 본다. 가장 기본적인 보조지표인 이동평균선도 참고하지 않는다.

차트의 속성은 끊임없는 변동이다. 차트는 항상 파동을 치며 움직인다.

차트의 가격과 거래량은 항상 변동한다.

그러므로 차트는 파동을 만든다.

차트는 끊임없이 변동하며 파동을 만든다. 차트분석은 이러한

변동성을 예측하려는 시도이므로 우리는 파동의 원리를 이해해야
한다.

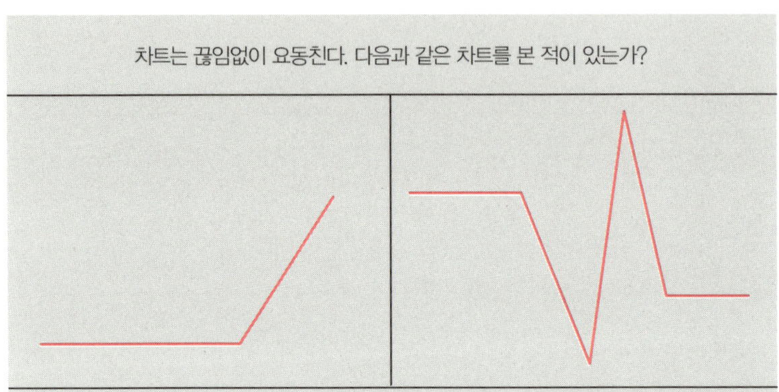

끊임없이 변동하는 차트를 보면서 초기에는 혼란스러웠다. 수많
은 기술적 분석 기법을 연구하고 주식의 가격을 예측하려는 다양한
시도를 했지만 더욱더 혼란스러워지기만 했다. 그래서 초기에는 상
당히 오랫동안 차트에 울고 웃고 행복해하고 좌절했다. 그러한 시
간을 거친 후 나는 차트의 파동을 보면서 상승파동일 때 사람들의
기쁨과 희망이 함께 느껴졌고 하락파동일 때 사람들의 고난과 절망
이 느껴졌다.

이러한 많은 경험을 거치고 나서 주식 가격의 파동을 보니 이제
는 혼란스러움을 느끼기보다는 끊임없이 변동하는 모습이 '참으로

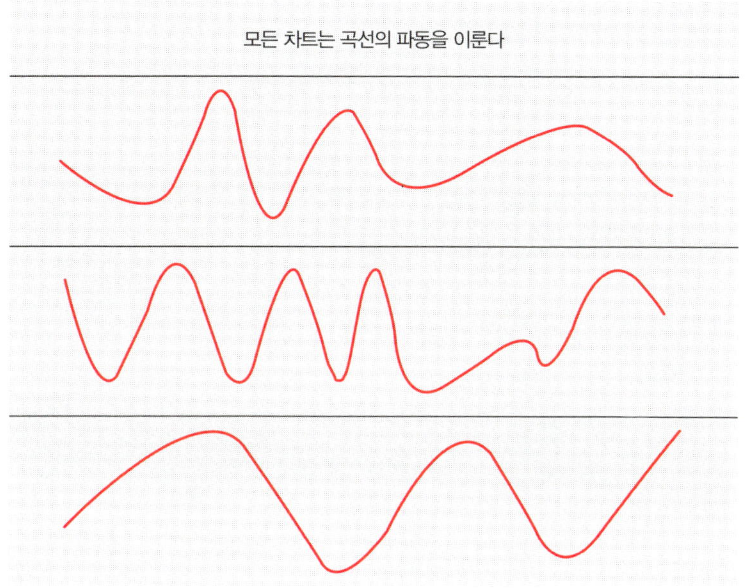

인간답다'는 생각이 든다.

차트의 파동을 보며 인간은 대상물의 가격과 가치를 같은 시각으로 볼 수 없다는 사실을 생각한다. 하지만 꼭 짚고 넘어가야 할 것은, 같지는 않지만 완전히 다르지도 않다는 것이다. 왜냐하면 인간의 사고와 활동은 서로에게 영향을 주기 때문이다.

> 인간이 사물을 보는 관점과 가치는
>
> 비슷한 것 같지만 완전히 일치하지 않고,
>
> 다른 것 같지만 완전히 다르지 않다.

그림 3 | **그림 3: 대상물의 가치와 우리의 관점**

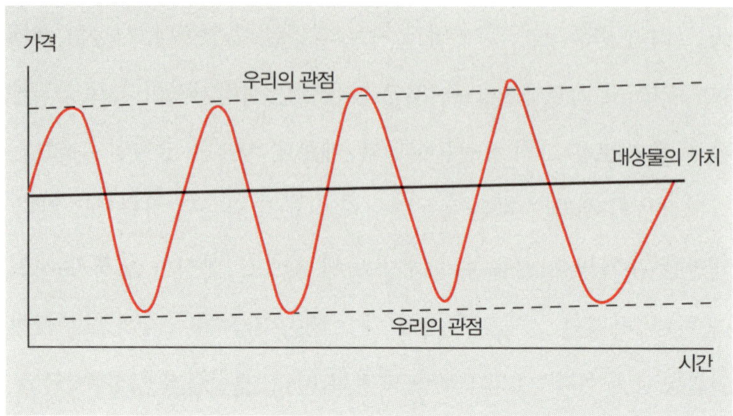

그림 3과 같은 원리로 나는 파동의 기본을 대상물의 가치를 바라보는 우리의 관점으로 생각한다. 대상물의 가격과 가치에 대한 관점은 수없이 많지만 완전히 다를 수가 없고 완전히 같을 수도 없다.

그림 4 | **대상물의 가치와 파동**

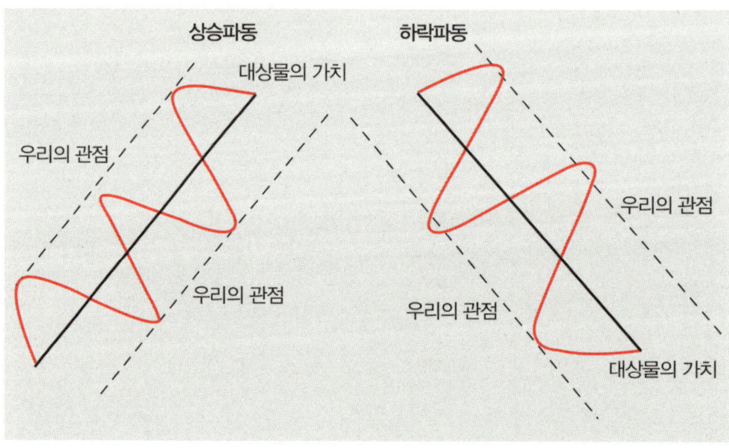

그림 4에서 볼 수 있듯 대상물의 가치를 중심으로 끊임없이 파동을 그리며 변화하는 것이 바로 차트의 기본 속성이다. 시장의 주체는 우리이고 차트를 만드는 것은 자유로운 시장가격이다. 주식시장은 매일 새로운 가격을 만들어낸다. 때문에 차트는 고정될 수 없다.

사람들의 생각은 같은 듯하면서도 다르고 다른 듯하면서도 같다. 개인은 주가의 미래를 예측하기 위해 참으로 다양한 노력과 시도를 한다. 하지만 실제로 투자에 나설 때는 자신이 생각하고 분석한 결과를 고수한다는 것이 보통 배짱이 아니고는 쉽지 않다. 결국 주위의 반응과 눈치를 보면서 조심스럽게 매매하기 마련이다. 우리는 배짱 있게 투자하는 사람들을 전문 투자자 혹은 펀드매니저라고 한다. 보통 이들이 시장을 이끌고 간다.

그림 5 | 시장에 참여하는 일반 투자자의 대상물에 대한 관점(상승파동)

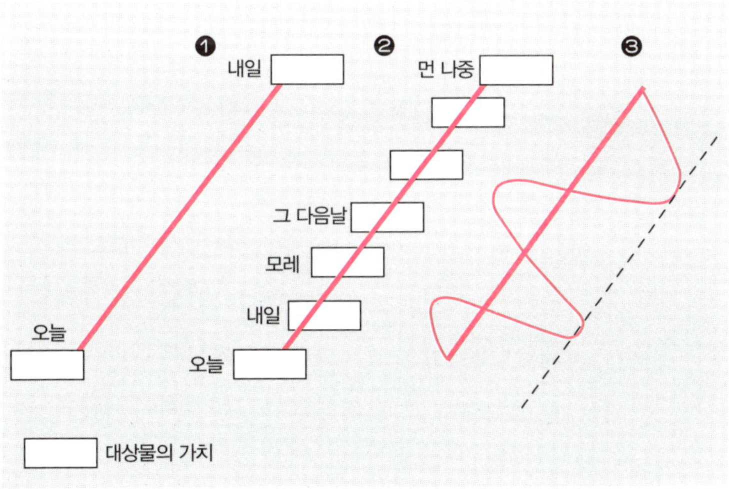

그림 5를 보자. ①은 대상물의 가치가 하루 만에 널뛰기한 것을 표현한 것이다. 과연 어떤 개인이 자신만의 생각으로 뚝심 있게 가치를 평가하여 오늘 100원짜리가 내일 만 원이 될 것이라(물론 가격제한폭이 없다고 가정하고) 생각할 수 있겠는가? 보통 우리는 ②처럼 주위사람들과 천천히 의견을 나누며 눈치를 보거나 여론을 수렴하여 대상물의 가치를 측정한다. 그 속에서 대상물의 본질적인 가치를 기반으로 다양한 평가가 이루어진다.

반대의 경우도 마찬가지다. 그림 6에 표현한 것처럼 오늘 만 원이라 평가하던 대상물을 내일 100원이라고 평가할 수 있겠는가? 파동의 기본 원리는 많은 투자자들이 대상물의 가치를 중심으로 의

그림 6 | 시장에 참여하는 일반 투자자의 대상물에 대한 관점(하락파동)

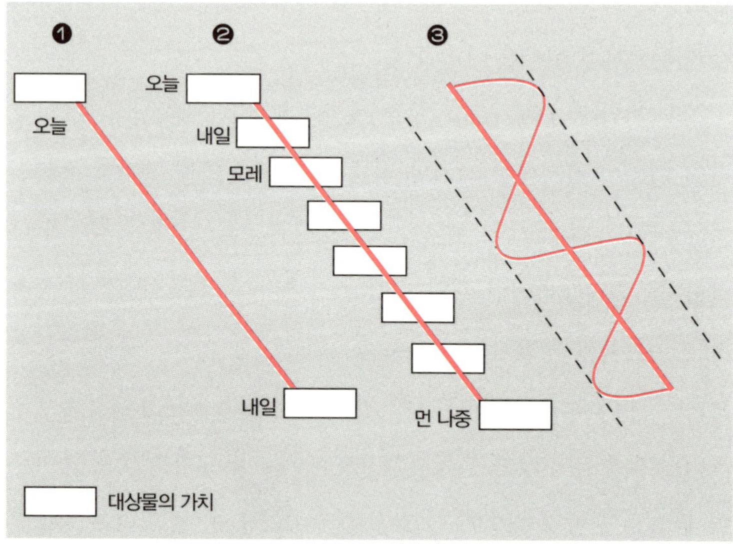

견을 수렴하면서 상황과 가치관과 개성에 따라 다르게 생각하는 가격의 평균이다.

이번에는 파동의 원리를 바탕으로 추세에 대해 알아보자. 파동의 기본적인 원리를 바탕으로 주식투자라는 문제에 직면했을 때 가장 실전적으로 사용할 수 있는 방법은 추세를 이용하는 것이다.

> 추세는 대상물의 가치와 가격을 바라보는 대중들의
> 심리적 기대에 의해 형성되며 일정 기간 관성을 갖는다.

투자자들은 기업을 평가하기 위해 공부하고 분석하고 신문과 방송의 여론을 참고한다. 하지만 대부분 최종적으로는 스스로의 매매법과 분석보다 여론을 따라간다.

많은 사람들이 생각하고 믿는 여론은 일정한 방향성이 있다. 주가의 변동이 심하다고 하지만 어제 '금은보화'라고 생각하던 물건이 갑자기 '돌덩어리'가 될 수는 없다. 물론 가끔씩 이런 경우가 나타나기도 한다. 하지만 개인의 의견이 아니라 많은 사람들이 동참하는 여론에서는 오늘은 금은보화, 내일은 돌덩어리, 모레는 금은보화, 그 다음날은 돌덩어리…… 식으로 급변할 수는 없다.

사람이 중심이 되는 주식시장에서는 가격을 평가하기 위해 여론이 형성될 수밖에 없으며 이 흐름을 추세라고 한다. 그리고 이러한

여론은 한번 형성되면 큰 문제와 사건이 생기지 않는 이상 일정 기간 지속된다. 그리고 그 추세에는 그림 7, 8, 9에서 보여주듯 박스권, 상승, 하락이라는 세 가지 형태가 있다.

그림 7 | **박스권추세**

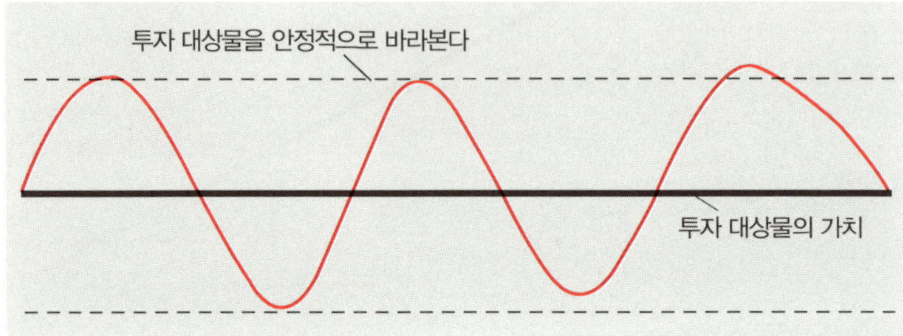

(투자 대상물의 가치에 대한 기대가 일정해도 주가는 박스권을 형성하면서 상하로 요동친다.)

그림 8 | **상승추세**

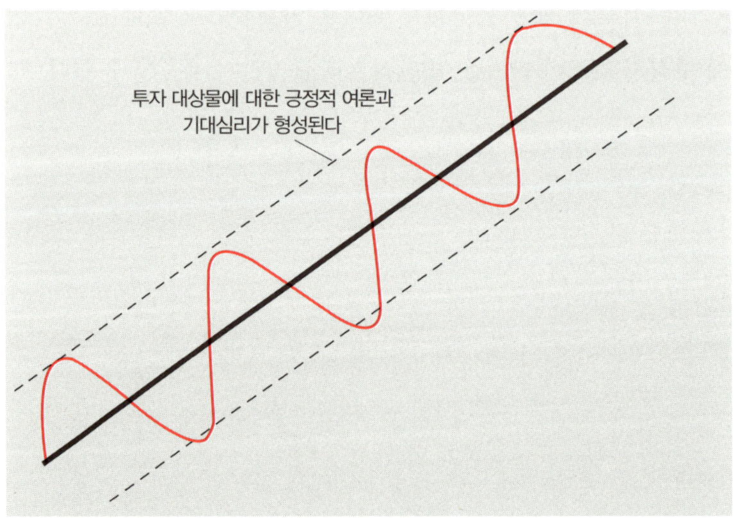

(상승은 상승을 낳고 긍정적 여론을 통해 상승추세가 지속된다.)

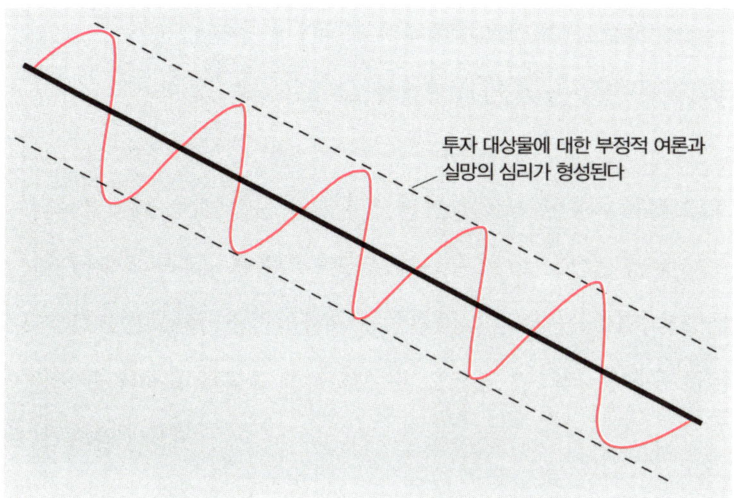

(하락은 계속해서 하락을 낳고 부정적인 여론을 통해 하락추세가 지속된다.)

이상과 같은 파동과 추세의 원리를 이해하면 기술적 분석을 통해 주식의 가격이 단기간 어떤 식으로 움직일지 예측할 수 있다.

에너지를 보여주는 거래량

앞에서 우리는 대상물의 가치를 중심으로 요동치는 파동의 원리와 대중의 심리에 의해 일정한 방향으로 움직이는 추세를 살펴봤다. 추세를 이해하고 일정한 방향성을 예측하면 투자는 한결 쉬워진다. 하지만 추세는 일정 기간 지속되지만 영원할 수 없다.

추세는 무엇 때문에 바뀌는 것일까? 그 원인은 다양하다. 먼저 어떤 사건이나 사고로 여론이 갑자기 안 좋아질 수도 있고 본질적인 대상물의 가치가 바뀔 수도 있다. 추세가 바뀌는 많은 원인 중에서 기술적 신호인 거래량을 알아보자.

나는 차트라면 눈알이 빠질 정도로 봤다. 많은 보조지표를 참고하고 기술적 분석에 대한 많은 기법을 익혔지만 궁극적으로 깨달은 것은 '차트는 예측할 수 없는 방향으로 끊임없이 변동한다'라는 쓸

쓸한 결론이었다. 그나마 얻은 것은 계속해서 요동치는 파동의 원리와 일정 기간의 관성을 가지는 추세의 개념이었다. 각종 보조지표는 사실상 활용도가 떨어진다고 판단했다. 보조지표들은 실제로 적용하자 가격과 거래량보다 후행했는데, 예측의 도구가 아니라 가격과 거래량의 결과물이기 때문이다.

초기 시절 나는 5분봉, 10분봉 차트를 실시간으로 보면서 일정한 추세를 바탕으로 변동하는 가격과 거래량의 흐름을 파악했다. 그런데 어느 순간부터 차트를 보면서 긴장하는 순간이 생겨났다. 그것은 거래량이 급증할 때였다. 차트를 관찰하면서 거래량이 급증할 때 추세가 급격하게 전환된다는 사실을 깨달았다.

거래량은 매수와 매도라는 거래의 결과로 이루어진 것이므로 결국 증시를 움직이는 것은 사람이다. 거래량이 많다는 것은 그만큼 매수와 매도가 많은 것이고, 이것은 많은 사람들의 관심이 집중되고 있음을 나타낸다. 많은 사람들의 관심이 집중되면 기존의 추세가 강화되거나 새로운 추세로 급격히 변화할 가능성이 높아진다.

> 급증하는 거래량의 의미:
> 관심이 집중되고 있다=에너지

거래량은 에너지를 나타내는 지표다. 이 에너지는 종종 추세를

변화시킨다. 거래량이 갑자기 증가하면 새로운 전환점이 된다. 하지만 절대적으로 그렇다는 말은 아니다. 에너지가 꼭 있어야만 추세가 변화하는 것은 아니기 때문이다. 거래량이 에너지라는 정의는 절대적이거나 공식화할 수 있는 것이 아니라 다분히 상대적인 개념이다. 시장마다 그리고 종목마다 거래량의 크기는 다르다. 그리고 에너지가 강력하지 않아도 대상물을 보는 가치는 달라질 수 있으며 여론 또한 달라질 수 있기 때문에 거래량의 변동 없이 추세가 변화하는 일도 드물지 않다.

다만 차트를 분석할 때 그래도 본질적인 요소에 속하는 거래량을 에너지로 가정한다면 기술적 분석의 기준점을 잡을 수 있다. 그리고 때에 따라 많은 융통성을 발휘해야겠지만 충분히 비판적으로 활용할 수 있는 지표라고 본다.

추세는 급격한 거래량 증가 구간에서 변화하는 경우가 많다. 다음 네 개의 그림은 거래량과 추세의 관계를 이해하기 쉽도록 도식화한 것이다. 그림 10과 12처럼 기존 추세의 변화를 나타내기도 하고 그림 11과 13처럼 기존 추세의 강화를 나타내기도 한다.

그림 10 | **거래량 급증(상승 반전)**

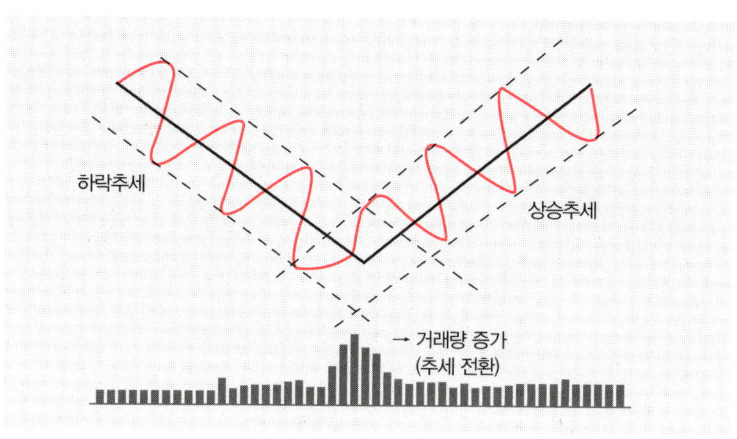

그림 11 | **거래량 급증(추세 강화)**

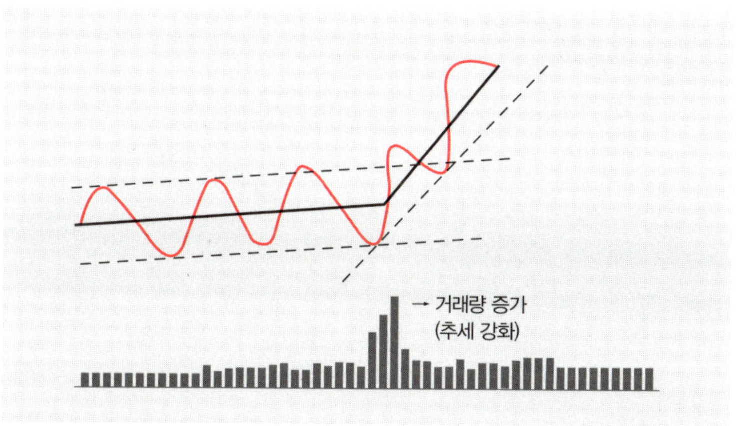

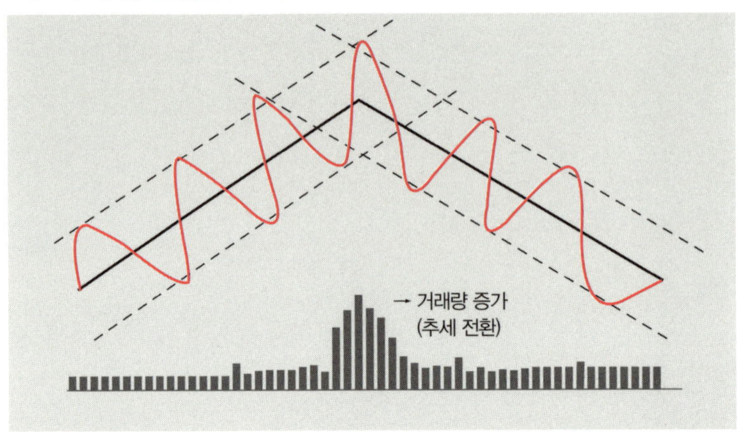

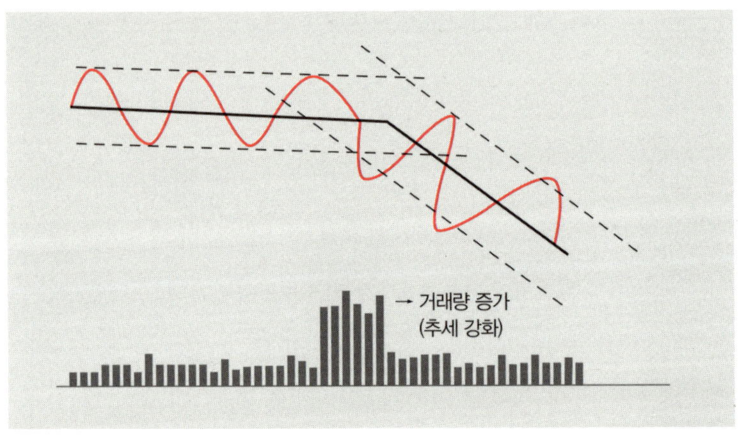

그림 10부터 13까지의 모형을 보면 거래량이 추세 전환의 기준점이 될 수 있음을 알 수 있다. 그런데 주식시장에서 반드시 그렇다고 말할 수 있는 것은 없다. 거래량 역시 마찬가지다. 이 모형을 보

고 거래량 급증 구간에서 매매하겠다고 나서면 절대 안 된다. 그 외의 변수가 너무나도 많다. 하지만 분명한 것은 거래량이 증가한다는 것은 사람들의 관심이 집중되어 있고 실제 거래가 대량으로 이뤄진다는 것이므로 기존 주가 흐름과는 뭔가 다른 에너지와 열정을 보이게 된다는 점이다.

다음에는 실제 차트를 예로 들어 거래량 증가와 주가 흐름의 관계를 알아보도록 하겠다.

차트 5 | 실전 사례, 기아차(주봉)

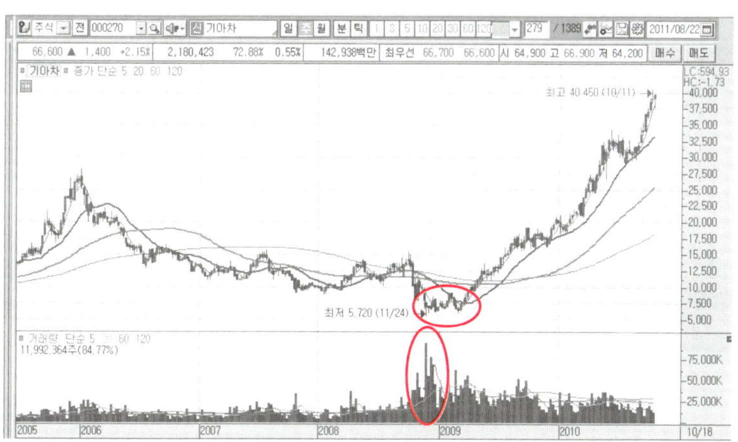

차트 6 | 실전 사례, 롯데쇼핑(주봉)

차트 7 | 실전 사례, POSCO(주봉)

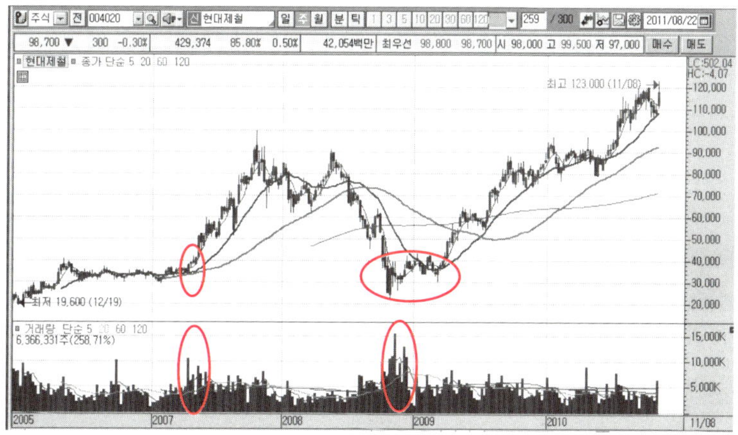

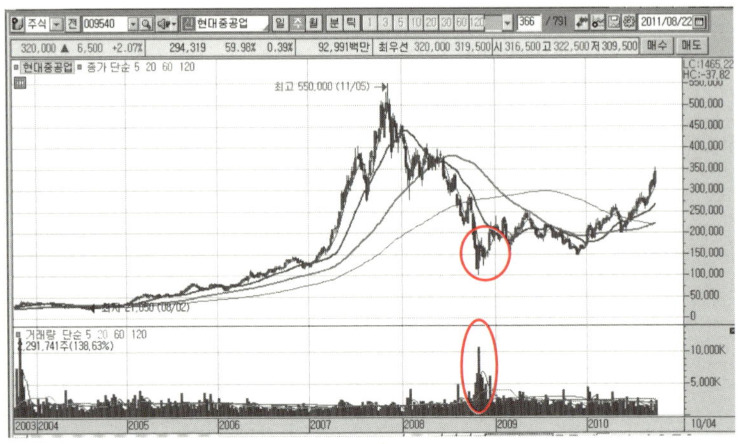

차트 5부터 차트 10까지를 보면 모두 거래량과 주가 움직임의 변화 사이에 깊은 관련이 있음을 알 수 있다. 하지만 여기서 당부하고 싶은 것이 있다. 나는 거래량으로 변곡점을 알려준다는 실전 사례 차트를 100개라도 보여줄 수 있다. 하지만 그렇지 않은 차트도 100개 이상 보여줄 수 있다. 다시 말하면 차트분석에서 어떤 명제에 대한 맹목적인 믿음은 금물이라는 것이다.

차트는 끊임없이 바뀐다. 일정한 방향으로 움직이는 것 같다가 어느 순간 모두의 예상과 기대를 뒤엎고 방향을 틀어버리기도 다반사다. 차트분석만을 기초로 주식을 매매하는 것은 나비의 작은 날갯짓 하나하나에 손이 떨리는 긴장감을 느끼는 것과 마찬가지다.

　내가 파동의 원리와 추세 그리고 거래량에 대해 분석하기 위한 기초를 제공한 것은 이 세 가지 기술적 분석의 원리가 다분히 인간적이기 때문이다. 차트를 볼 때 어떤 기법에 의존해 기술적 신호를 찾으려고 애쓰기보다는 차트에 기록되는 과거의 주가와 거래량을 보면서 수많은 사람들이 주식시장에서 수익을 쫓아 몰려다니고 있다는 사실을 느껴야 한다.

　대상물의 가치와 가격은 많은 사람들에 의해 끊임없이 변동하고, 시장에 참여하는 사람들이 느끼는 심리상황에 따라 일정한 추세를 만들면서 관성적으로 움직인다. 그러다가 사람들의 관심이 집중되며 폭풍 같은 거래량이 몰아치면서 추세가 반전되기도 하고 지지부진하던 추세의 각도가 가팔라지기도 한다. 이 과정들에서 투자자들이 어떻게 느끼고 어떻게 반응하는지를 생각해보자. 차트를 접할 때 돈이 보여서는 안 된다. 그 안의 사람들이 보여야 한다. 상승추세에 안심하고, 주가 정점에서 광분하며, 하락추세에 불안해하고, 바닥에 이르면 공포를 느끼는 그 아귀다툼의 현장을 그려볼 수 있어야 한다.

05.. 상한가매매, 돈 놓고 돈 먹기

수없이 말했듯이 초기 시절 나는 주식시장에서 떼돈을 벌겠다는 열정에 불타올랐었다. 돈이 벌릴 것 같은 기법은 열심히 배웠고 실전에서 써먹으려고 기를 썼다. 지금 이야기하는 상한가매매도 마찬가지다. 열심히 배웠고 열심히 써먹었다. 그것이 투기였다는 것, 그래서 결국 피눈물을 흘렸다는 것은 앞에서도 말한 바 있다.

그렇지만 당시 내가 배웠던 기법들에서 배울 점이 적어도 한둘씩은 있다고 생각한다. 나는 성공도 하고 실패도 하며 수많은 시행착오를 거쳤지만 최종적으로 살아남았고, 지금은 주식매매에 관한 '타짜' 반열에 들었다고 생각한다. 하지만 단지 타짜가 되었다고 생각할 뿐이지 이것에 대해 자부심을 가지고 있는 것은 아니다. 이것만으로는 생각했던 것만큼 큰돈을 벌 수 없다는 것도 타짜가 되

면서 깨달았다.

상한가매매의 기본은 급격한 가격의 폭등이다. '왜 가격이 폭등하는가?'에 대해 원인을 따져보면 돌려 말할 것도 없이 '조작' 때문이다. 일명 작전이라고 한다. 물론 작전을 벌이면 처벌을 받는다. 주가조작은 큰 죄목에 해당한다. 하지만 돈이 돌고 도는 주식시장에서 건전하지 못한 마음으로 돈을 벌고자 하는 세력은 존재하기 마련이다(살인죄를 사형으로 정해도 살인사건은 끊이지 않는다). 대부분 개미들조차 자신이 분명 투기를 하고 있으며 높은 위험을 떠안고 있다는 것을 알면서도 대박을 위해 기꺼이 상한가매매를 불사한다.

상한가를 만드는 세력은 많은 자금을 동원하여 작전을 진행한다. 그렇지만 이런 행위는 불법이기 때문에 일단 걸리면 처벌을 피할 길이 없고 바로 소환된다. 큰 자금은 반드시 흔적을 남기기 마련이므로 법망에 걸리지 않기 위해 다른 방법을 쓴다. 예컨대 규모가 작고 지분구조가 취약하며 적은 자본으로도 손쉽게 주가차트를 조작할 수 있는 회사를 선택하는 것이다.

그러므로 어느 날 이유 없이 상한가를 만들곤 하는 소형 부실주에서는 불법적이고 투기적인 자금이 판을 친다고 보면 된다. 상한가매매에 이용되는 대부분의 기업은 규모가 작고 장기 투자 대상으로 적합하지 않다.

이해를 쉽게 하기 위해서 예를 들어보겠다. 타짜인 내가 상한가

따라잡기로 재주를 부린다면 500만 원으로 5천만 원은 금방 만들 수 있다. 그것도 단기간에 말이다. 하지만 5천만 원을 5억 원으로 만들기는 거의 불가능하다. 자금이 1억만 넘어가도 이 기법은 불가능하다고 생각하면 된다. 왜냐하면 1억 이상의 금액을 사고파는 순간 내가 또 하나의 세력이 되어버리기 때문이다.

상한가매매는 세력의 눈치를 보면서 차트를 따라가야 한다. 그런데 큰 자금으로 주식을 매수, 매도한다면 그때부터 내가 차트를 그리는 또 하나의 세력이 되어버리기 때문에 세력의 의도 자체를 파악할 수 없게 된다.

상한가매매는 인위적인 작전이 필요하며 세력은 개미들을 유인하기 위해 차트를 만들고 언론 플레이를 하고 호재를 퍼뜨리는 등 별짓을 다한다. 작전이고 조작이라는 것을 알면서도 개미들은 떼돈을 위해서 위험을 불사하고 뛰어들며, 먹고 먹히는 야생세계와 다름없는 상황이 전개된다. 이렇게 완전히 돈 놓고 돈 먹는 투기판으로 치닫는 것이 바로 상한가매매다.

상한가매매의 기본 원리
상한가매매의 본질 ⇒ 인위적인 작전을 통한 가격의 조작

상한가매매의 '작전'을 위해 세력에게 필요한 것
1. 자금(불법적인 검은 돈)

상한가 돈 따먹기 매매를 할 때는 이 세 가지를 기본으로 치밀하게 작전이 이루어지는 모습을 상상해야 한다.

이 작전에서 필수적인 것은 당연히 상한가를 만드는 일이다. 상한가를 만드는 것은 생각만큼 호락호락하지 않다. 세력이 세간과 개미들의 관심을 집중시키기 위해서 가격을 상한가로 만들 때 차익실현을 하거나 매도하는 대규모 물량이 없어야 한다. 자칫하면 기껏 주가 끌어올려 남 좋은 일 시키고 말 수도 있다.

그리고 상한가를 만들기 전에 세력들은 작전의 대상이 되는 주식을 소리소문 없이 매수(매집)해두어야 한다. 작전의 대상이 되는 주식이 대부분 소형주인 또다른 이유가 매집이 비교적 수월하기 때문이다.

세력의 작전에 적당한 주식

1. 회사가 작고 지분구조가 취약하다(대부분 소형주로 시가총액 100억 미만).

2. 차트가 장기간 횡보하고 거래량이 거의 없다(적은 금액으로 쉽게 상승시킬 수 있다).

이 두 가지 요소가 세력들이 작전주의 대상으로 선정하는 기본 요소가 된다. 여기에 호재로 터뜨릴 만한 내부정보나 기타 재료가 있다면 금상첨화지만 호재는 소문으로 만들 수도 있다. 일단 주가가 상승세를 타기 시작하면 상승이 상승을 낳고 거짓도 다 진실처럼 보이게끔 조작되기 때문에 적은 돈으로 상승시킬 수 있는 주식을 찾는 게 중요한 것이다.

차트상으로 작전주의 대상이 되는 종목은 어떤 양상인지를 도식화한 것이 그림 14와 15다.

그림 14와 15를 보면 주가가 거래량 없이 장기간 횡보하고 있다. 이런 주식은 사람들의 관심도 없고 이미 매도를 할 사람은 다 한 상태다. 때문에 호가마다 잔량이 얼마 되지 않고 간혹 호가 차이가 큰 경우도 있어서 누군가 조금만 매수해도 주가는 크게 오른다.

그림 14 | '작전'으로 통하는 상한가가 나타나기 전의 차트 패턴 예 1

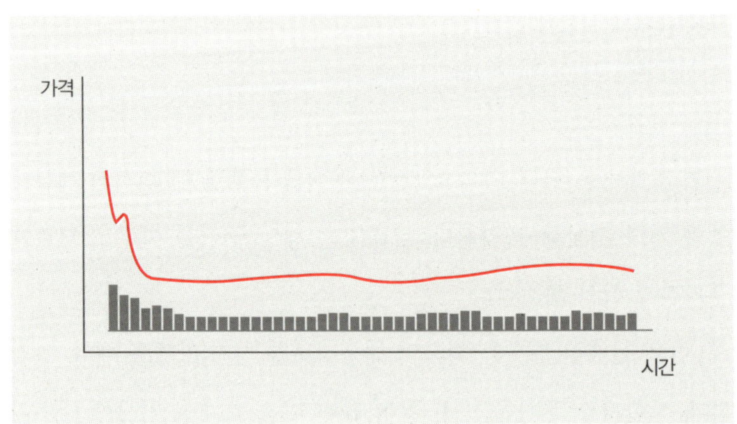

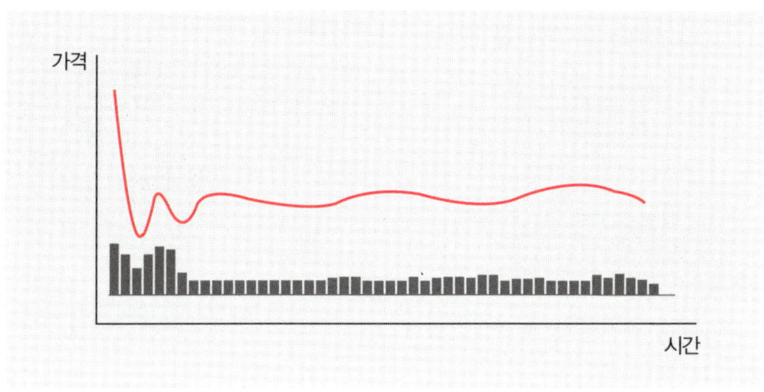

작전 대상이 물색되었으면 세력들은 다음 두 가지 경로 중에서 선택을 한다.

대상 물색 후 세력들의 작전 경로

1. 한꺼번에 자금을 몰아넣어서 폭풍처럼 상한가를 만들 것인가?

2. 개미들의 눈치와 여론을 보면서 천천히 작업을 진행시킬 것인가?

먼저 세력은 그림 14와 15 같은 차트를 물색한 뒤 회사의 지분구조와 기타 정보를 파악한다. 그러고는 해당 주식을 아무도 모르게 장기간에 걸쳐 매집한다.

1번을 선택한 경우는 회사의 내부정보를 가지고 있을 때다. 과감하게 상한가로 주가를 먼저 끌어 올린 다음 호재성 기사를 터뜨리

는 방법이다. 2번을 선택한 경우는 상황을 봐가면서 자신들이 자금을 투입할 때 개미들이 따라오겠다는 확신이 들면 본격적으로 상승시킨다. 개미들이 따라오겠는지 아닌지에 대해서는 예비 상한가를 만들었을 때 개미들과 여론의 반응을 보고 판단한다.

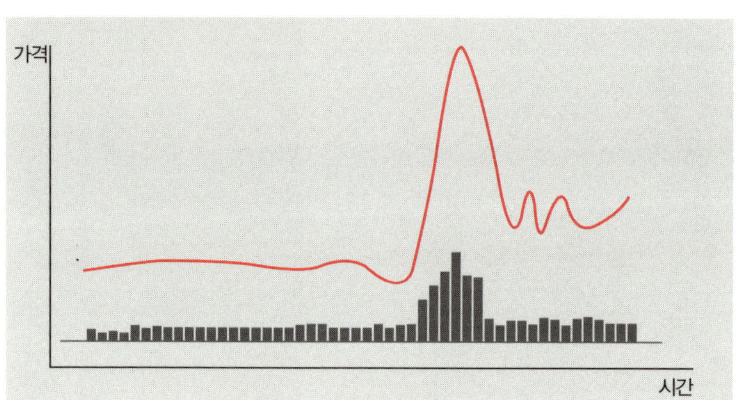

그림 16과 같은 패턴은 굉장히 급작스럽다. 한꺼번에 자금을 몰아넣어서 상승시킨 것이다. 이처럼 자신 있게 상승시킬 수 있는 것은 무언가 믿는 구석이 있기 때문이다. 이런 회사는 대개 호재성 기사와 자료를 가지고 있다.

이를 실제 있었던 차트를 보면서 다시 살펴보기로 하자. 차트 11부터 13까지가 실제 사례다.

차트 11 | **경로 1번을 선택했을 때의 차트 1**

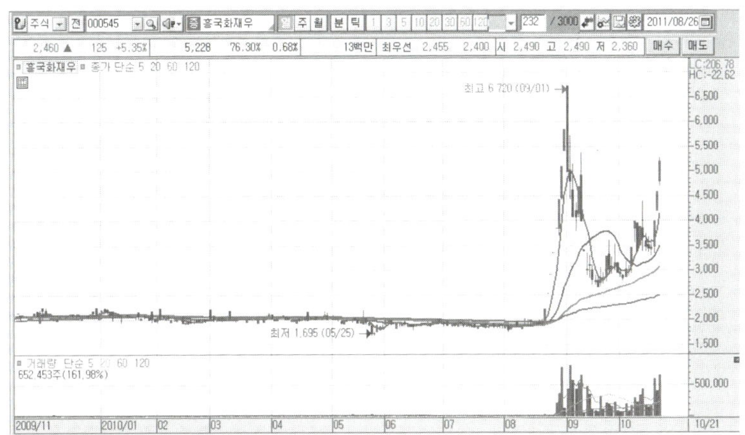

차트 12 | **경로 1번을 선택했을 때의 차트 2**

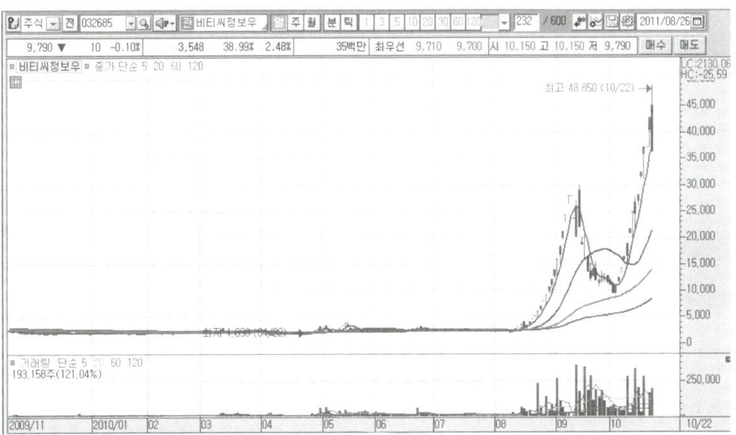

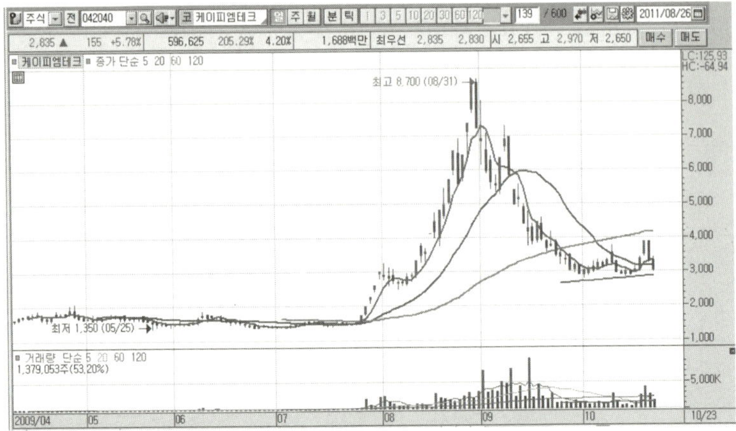

그림 17은 경로 2번을 선택했을 때 이후 주가 움직임을 도식화한 것이다. 세력들은 개미들의 눈치와 여론을 보면서 천천히 자금을 투입하고 작전을 도모한다.

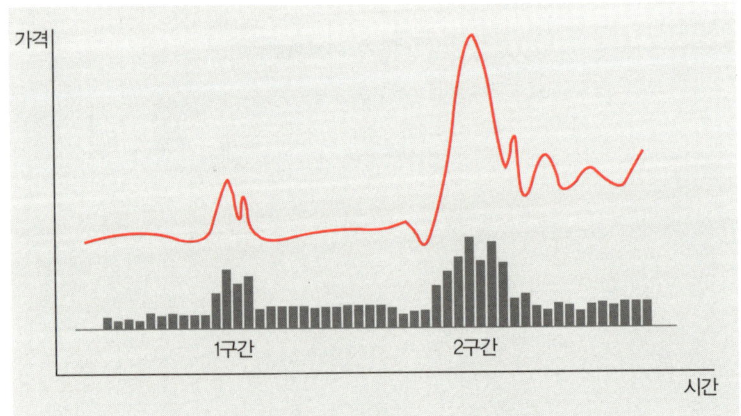

1구간에서 세력은 신중하게 상한가를 만들면서 세간과 개미들의 반응을 살핀다. 예컨대 세력들의 사전조사 구간이라 하겠다. 상한가를 만들기는 쉬운지, 매도 세력은 없는지, 개미들의 호응은 어느 정도인지, 본격적인 작전에 적합한지를 타진하는 것이다.

만약 1구간에서 조건에 적합하지 않다는 판단이 들면 매집했던 물량을 팔고 다른 종목으로 떠나버린다. 반면 조건에 적합하다는 판단이 들면 2구간에서 본격적으로 상승시킨다.

차트 14 | 경로 2번을 선택했을 때의 차트 1

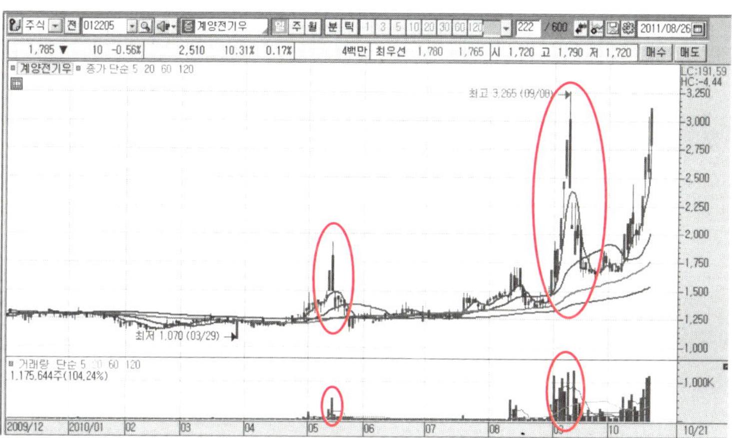

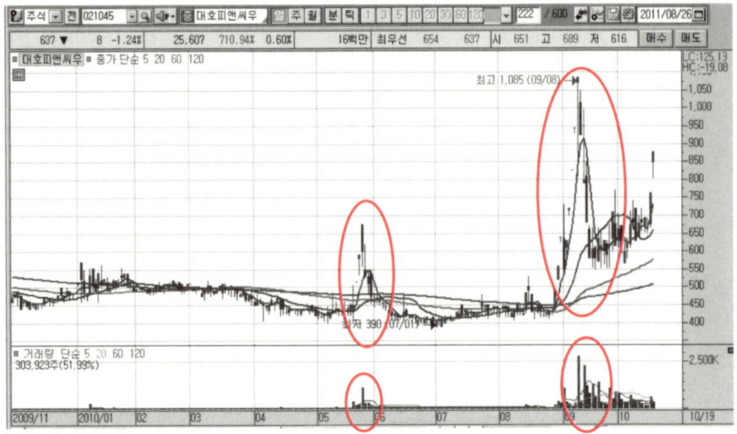

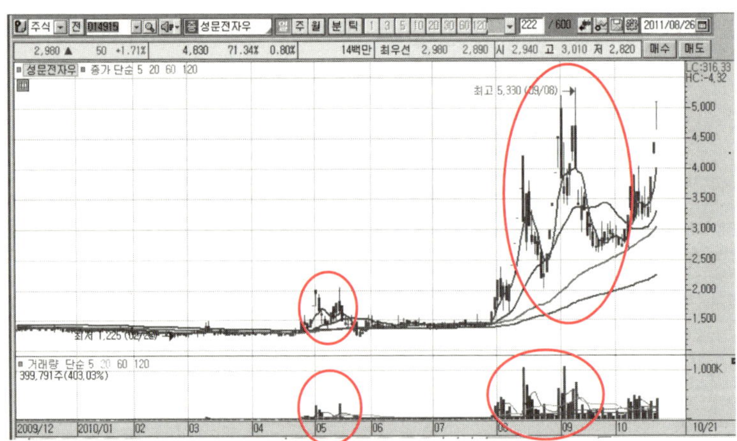

결론적으로 상한가매매의 기본은 대상물의 가치를 평가하는 것이 아니라 돈 놓고 돈 먹기의 투기라는 사실이다. 세력이 상승을 주도하고 개미들은 그 뒤를 따른다. 작전이 성공하려면 일단 세간과

개미들의 관심이 집중되어야 한다. 거래량이 많고 관심이 집중되어야만 서로 물고 뜯는 싸움판이 제대로 벌어진다. 일단 싸움판이 벌어지면 관중들이 떠나지 않을 때까지 싸움은 계속된다. 상한가매매에는 정해진 기준이나 원칙이 존재하지 않는다. 다만 세력이 주도하고 개미들이 뒤따르는 상황이라는 것은 명확히 알고 있어야 한다.

세력이 아무리 주도면밀하게 시나리오를 만들어도 세간과 개미들이 알아주지 않으면 물량을 정리하고 소리 없이 사라진다. 반면 시나리오나 계획 없이 대충 상한가를 만들어도 시기와 상황의 흐름을 잘 타서 사람들의 관심이 집중되면 계속해서 서로 물고 뜯는 전쟁을 부추긴다.

초기 시절에는 상한가매매의 환상을 가졌고 대박의 꿈을 꿨지만 상한가매매의 실체는 야바위꾼의 돈 놓고 돈 먹기식 투기판과 다를 바가 없다는 사실을 곧 깨달았다. 앞에서 몇 가지 작전의 예를 들었지만 이것은 단지 예시일 뿐이다. 작전의 종류와 방법은 세력의 시나리오에 따라 얼마든지 만들어진다.

상한가매매에서도 명심해야 할 것은 어떤 기법을 찾는 것보다 사람 자체를 중심으로 봐야 한다는 것이다. 주식이 연속 상한가를 기록하며 비정상적으로 폭등하고 한 달도 안 되어 몇 배 이상으로 뛰는 것에 현혹되지 말기 바란다. 아무리 엄청난 기업이 있다 해도 한 달 만에 그 가치가 몇 배로 높아진다고 한다면 상식적으로 납득할 수 있겠는가? 상한가 이면의 실체를 바로 봐야 한다.

06.. 외국인, 공시, 테마 따라잡기의 실체

초기 시절에는 차트매매뿐 아니라 외국인매매, 공시와 정보매매, 테마매매도 했었다. 이런 단기매매에 얼마나 집착했는지 초기 매매일지를 보면 나조차도 놀랄 정도다. 매매일지에는 매일 외국인과 기관의 매수, 매도 상위종목을 기록했고 그날의 특징적인 종목 뉴스와 공시 그리고 주도하는 테마와 업종을 기록하고 분석했다.

그때를 돌이켜보면 '단순'하진 않았지만 '무식'하기 이를 데 없었다는 생각이 든다. 나는 외국인이 많이 매수한 주식은 무조건 많이 오르는 줄 알았고 외국인이 매도를 많이 하면 무조건 떨어지는 줄 알았다. 그리고 좋은 공시와 호재가 있으면 주가가 무조건 올라가는 줄 알았고 나쁜 공시와 악재가 나오면 무조건 떨어지는 줄 알았다. 그리고 유행을 타듯 테마업종을 쫓아다녔다.

결론을 먼저 말하지만 이런 매매방법은 모두 엉터리다. 외국인이 매수한다고 해서 무조건 주가가 올라가는 것도 아니며 외국인이 매도한다고 해서 무조건 떨어지지도 않는다. 그리고 호재 뉴스와 공시로 주가가 올라가는 것도 아니며 악재 뉴스와 공시로 무조건 떨어지는 것도 아니다. 그리고 매일 유행이 바뀌는 테마업종은 오늘 상승했다 해서 내일도 상승할 거라 확신할 수 없다.

실제로 외국인, 재료, 테마 등 세 가지 방법으로 매매를 해보니 정신이 없고 혼란만 가중되었다. 무엇보다 돈을 벌 수가 없었다. 유행을 쫓는 매매를 하다 보면 자금을 안정적으로 운영할 수 없고 큰 자금을 투입하는 것은 꿈도 꿀 수 없다.

외국인매매 따라잡기

주식시장은 통상 외국인, 기관, 개인의 세 주체로 구분한다. 외국인매매 따라잡기를 하는 방법은 간단하다. 외국인의 매수가 많고 앞으로도 계속해서 매수할 것이라는 생각이 드는 종목을 따라서 매수하는 것이다. 특히 기관이나 개인보다 외국인 따라잡기라는 방법이 나타난 이유는 외국인이 우리 주식시장을 주도하던 때가 있었기 때문이다. 그때는 외국인의 매수세가 나타나면 주가가 대부분 상승했다.

외국인 따라잡기는 말 그대로 시장의 강력한 주체인 외국인이 매수하는 종목을 따라 사는 방법이다. 하지만 오늘 외국인이 매수한다고 해서 내일도 꼭 매수하는 것도 아니고, 지금 매수하지 않는다고 해서 내일도 매수하지 않는다는 보장이 없다. 결국 외국인 따라잡기는 후행하는 매매기법이다. 외국인이 매수했는지 매도했는지는 장 마감 후 집계된 결과를 보고 알 수 있기 때문이다.

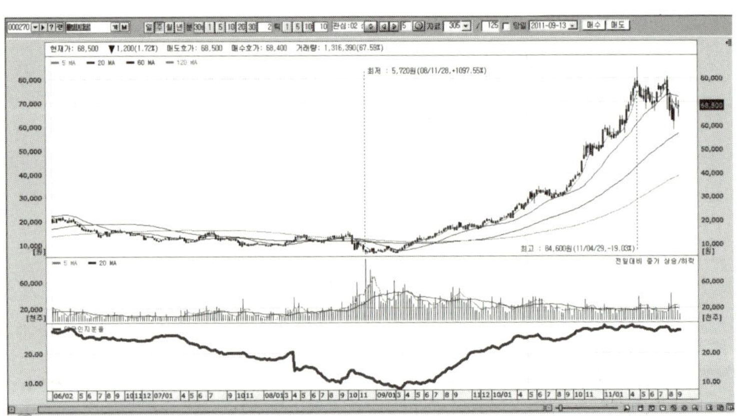

맨 아래 칸에 선으로 나타난 것이 바로 외국인 지분율이다. 기아차는 외국인 매매동향과 주가가 같이 움직인다는 사실을 알 수 있다. 외국인 지분율이 낮아지면 주가도 하락하고 지분율이 높아지면 주가도 상승한다. 대형주에는 이렇게 외국인의 지분과 주가가 동행하는 종목이 많은 편이다.

차트 18 | **외국인매매 따라잡기 실전 사례, SK네트웍스(주봉, 외국인 지분율)**

차트 18의 SK네트웍스에서도 맨 아래 선으로 나타난 것이 외국인 지분율이다. 차트 오른쪽 부분을 보면 외국인 매수가 눈에 띄게 증가하고 있는데도 주가는 횡보를 계속하고 있다. 여기서 볼 수 있듯이 외국인 매수가 있어도 주가가 반드시 상승한다는 보장은 없다.

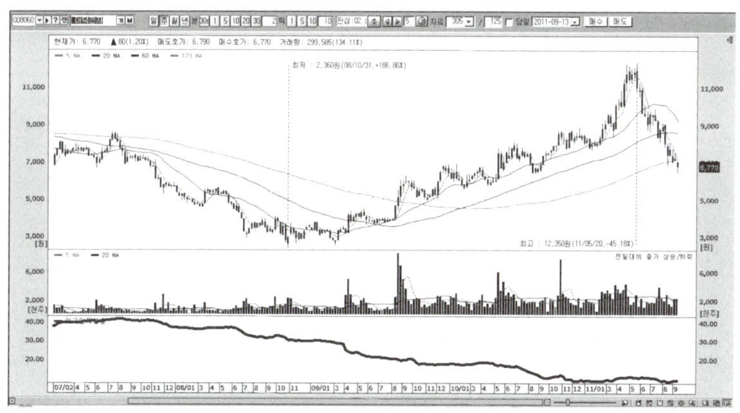

차트 19 | **외국인매매 따라잡기 실전 사례, 대덕전자(주봉, 외국인 지분율)**

대덕전자는 외국인 지분율이 하락하는데도 불구하고 주가는 오히려 상승하고 있다. 외국인 지분율이 하락한다는 의미는 매도해서 보유량을 줄였다는 얘기다. 외국인이 매도하더라도 반드시 주가가 하락하는 것은 아니라는 사실을 보여준다.

실전 사례 차트 17부터 19를 통해 외국인의 매수, 매도가 주가 움직임에 전적으로 영향을 미치는 것은 아니라는 사실을 확인했을 것이다. 기아차의 경우에 이야기한 것처럼 외국인의 매매동향이 특히 영향을 주는 종목이 있는가 하면 그렇지 않은 종목도 많다.

뉴스와 공시, 언론의 정보를 활용한 매매

초기 시절 나는 세상의 모든 것을 받아들일 것처럼 정보에 집착했다. 그때의 상황을 설명하자면 한마디로 '정신이 없었다'라고밖에 표현을 못하겠다. 계속해서 정보를 수집했지만 내가 뭘 하고 있는지 뭘 얻기 위해 그러는지도 잘 몰랐다. 너무 많은 정보로 혼란스러움만 가중되었다.

나는 정보를 해석해서 매매의 기준을 잡을 수 없었다. 실제로 주식투자를 해보면 주식시장에 얼마나 많은 뉴스가 존재하는지 알 것이다. 기업의 공시나 언론의 정보를 해석해서 "이럴 때는 이렇게 매

매하고 저럴 때는 저렇게 매매하라"는 말은 할 수가 없다는 것을 경험을 통해 알게 되었다. 정보는 내게 전달된 그대로를 보는 것이 아니라 해석을 해야 한다. 같은 정보라도 시기와 상황에 따라 의미가 달라진다.

이해를 쉽게 하기 위해 투자를 할 때 접하는 뉴스를 거시경제 관련 뉴스, 기업 공시, 대중매체의 일반 뉴스라는 세 가지로 나누어보겠다.

거시경제 관련 뉴스

거시경제와 관련한 뉴스를 접했을 때는 정치가나 경제학자 그리고 은행가와 기업가의 의도를 파악하고 돈의 흐름을 볼 수 있는, 즉 숲을 보는 시각으로 접해야 한다.

먼저 환율과 금리정책으로 신용화폐와 종이돈의 가치를 판단할 수 있어야 한다. 특히 미국은 기축통화의 지위를 가지는 달러를 찍어내는 나라다. 미국 정부와 연준(FRB)의 경제정책과 통화량정책의 뜻, 숨은 의도를 파악해야 한다(종이돈의 가치가 떨어지면 상대적으로 실물자산의 가격이 상승하고 종이돈의 가치가 올라가면 상대적으로 실물자산 가격이 하락한다).

거시경제는 큰 숲이다. 종이돈은 하늘에서 뚝 떨어지는 것이 아니라 인류가 발명한 최고의 지적 산물이다. 인간의 이성으로 어떻게 신용화폐가 만들어지고 유통되며 가치를 인정받는지 파악할 수

있어야 한다.

기업 공시

기업은 많은 공시를 한다. 주식시장에 상장되어 있는 회사는 투자자들에게 기업의 상황을 투명하게 설명하고 공개할 의무를 갖고 있기 때문이다. 하지만 많은 정보 중에서 호재가 되는 정보와 악재가 될 만한 정보를 판단하는 것도 쉽지만은 않다. 같은 공시라도 상황에 따라 다르게 받아들여지기 때문이다.

예를 들어 유상증자를 생각해보자. 유상증자는 주식을 늘려서 발행하고 그만큼의 돈을 투자자들로부터 조달한다. 유상증자로 회사의 자본금을 늘리는 이유가 사업을 확장하기 위해서인지 아니면 회사가 부실에 빠져 이를 메우려 하는 것인지 또는 그냥 시장상황이 좋아서 자본금을 끌어 모으고 싶은 경영자의 욕심인지 파악해야 한다. 증자공시 하나만을 보더라도 의도와 목적이 무엇인지 알려면 살펴보아야 할 것이 많다.

또한 공시는 나쁜 의도로 이용될 가능성도 많다. 기업의 내부정보를 알고 있는 사람이 대량의 주식을 사들인 뒤, 공시 발표 시점에 몰려드는 개미들에게 팔아 넘기기도 한다. 이 때문에 분명히 호재인데도 주가가 하락하는 경우도 다반사다. 때문에 기업 공시에서 중요한 것은 공시의 내용보다 공시가 있기까지 원인과 과정 그리고 해석이다.

표 5 | **공시의 예**

공시의 분류	
발행공시	유가증권신고서 일괄신고서 사업설명서
유통공시	정기공시: 사업보고서, 반기 · 분기보고서 수시공시: 주요 경영사항 신고
특수공시	자기주식 취득 · 처분신고서, 합병 및 영업 양수도신고서, 주식대량보유신고서, 임원 · 주요주주의 주식 소유상황보고서, 공개매수신고서, 주식매수선택권 부여신고, 안정조작 · 시장조성 신고서

대중매체의 일반적인 뉴스

개미가 투자를 할 때 대중매체는 가장 믿지 못할 정보원이다. 최고의 호재성 뉴스가 나올 때 주가는 꼭지이며 최악의 비관성 뉴스가 나올 때 주가는 바닥이다. 대부분의 개미들은 언론을 통해 주식시장의 상황을 접하고 주가가 최고로 벌겋게 달아오를 때 불나방처럼 주식시장에 돌진한다. 대중언론은 상업적이다. 이들 매체의 정보는 공정하다기보다는 가공되어 있고 대중의 관심을 끌기 위해 흥미 위주로 편집된다.

예를 들어 주가가 하락하면 주식시장에 대한 대중의 관심과 애정은 급격하게 식는다. 때문에 주가가 하락할 때는 주식시장에 대한 이야기를 거의 다루지 않다가 바닥 단계에서 투매가 나오면 대

중과 같이 어려움을 토로한다. 방송과 신문의 논조는 온통 비관적이다. 반면 주가가 상승하기 시작하면 주식시장에 대한 대중의 관심과 애정이 급격하게 상승한다. 대중매체들은 앞 다투어 주가 상승의 이유와 장밋빛 미래를 펼쳐놓는다.

대중매체는 이런 식이다. 상승하면 같이 흥분하고 하락하면 같이 비관한다. 그러므로 대중매체가 기뻐할 때 주식시장에 동참하면 상투를 잡을 가능성이 크고, 대중매체가 슬퍼할 때 투매에 동참하면 바닥에서 매도하게 될 가능성이 크다.

지금까지 세 가지 예를 통해 먼저 어떤 성격의 정보인지를 파악하는 것이 필요하다는 것을 알았을 것이다. 정보의 성격에 따라 어떤 시각으로 접근할지를 결정할 수 있기 때문이다. 또한 정보를 대할 때는 단지 결과만 놓고 생각해서는 안 된다. 그 결과가 나오게 된 이유와 과정 그리고 의도를 해석할 수 있어야 한다.

초기 때 나는 정보를 해석하지 않고 있는 그대로 다 믿었다. 그리고 그러한 결과는 말하지 않아도 알 것이다. 난 항상 머리를 쥐어뜯으며 자책하고 절망했다.

테마매매

주식시장에서 돈은 돌고 돈다. 어떤 돈은 투자를 위해 돌고 어떤 돈은 투기를 위해 돌고 어떤 돈은 그냥 돌기도 한다. 실제로 단지 회전을 위해 도는 돈도 있다.

테마매매는 돈이 돌고 도는 주식시장의 속성을 여실히 보여준다. 테마매매는 시기와 상황, 사건에 따라 대중의 관심이 집중되어 있는 산업과 기업을 공략하는 방법이다. 기업의 가치는 안중에도 없다. 테마라는 이름에 걸맞게 지금 시점에서 어떤 산업과 기업이 대중에게 관심의 대상이 되는지가 핵심이다. 더 심하게는 "과연 내일은 어떤 테마가 대중의 관심을 받을까?"에만 관심을 두는 방법이다.

구체적인 예를 위해서 테마(주제)를 분류해놓은 다음 표를 살펴보자. 주식시장에서는 표 6에서 볼 수 있는 것과 같이 각각의 테마와 연관 기업을 분류해놓았다. 이 표는 많은 테마 중에서 일부분만 보여줄 뿐이다. 시대와 상황에 따라 테마는 계속해서 새롭게 만들어진다.

표에 제시된 테마명을 살펴보면 재미난 것이 많다. 황사주, 월드컵 수혜주, 원유유출복구주, 출산장려정책주 등. 상황과 유행에 따라 대중의 관심이 집중되고 이슈화되면 관련 기업들이 집단을 이루면서 상승하거나 하락하여 테마를 형성한다.

테마의 분류				
태양광에너지	전선	백신/진단시약/방역	SI(시스템통합)	골판자재
석유화학	유가민감주	바이오산업투자	2차전지	전기오토바이
애니메이션	스마트카드	배당관련주	영화	철도
바이오디젤	무선인터넷	원유유출복구	수자원양적개선	바이오인식
서울 대심도 지하도	풍력에너지	도시재생사업	휴대폰 부품	복권
조선	장하성펀드	전자태그	타이어	지주사
소형자산주	지상파 DMB방송사업	자동차대표주	농업	모바일콘텐츠
반도체 대표	테마파크	지능형로봇	통신	태양광에너지
슈퍼박테리아	공작기계	모바일솔루션	주류업	화폐
육계	차량용반도체	풍력에너지	건설대표주	원자력발전
MSCI	차량용블랙박스	중소형철강	비료	전자세금계산서
구제역/광우병	신종플루예방	하이브리드카	인천부동산보유	콘덴서
원양어업	대운하(소형주)	중소형환율하락수혜	패션/의류	방위산업관련주
정유	여름관련주	재생아스콘	LED	캐릭터상품
화장품/생산/개발	도시광산	암(진단/항암)	와이브로	PCB
한일해저터널	건강식품	철강주요종목	의료기기	미디어법
국내 상장 중국기업	대심도철도	폐기물처리	전기자전거	신약
환경오염진단/복원	비철금속	그린홈(친환경주택)	카메라폰 부품	윈도우운영체제
강관업체	태풍 및 장마	겨울관련주	제지	핵융합에너지
케이블TV SO	자산주	소매유통	모터	마스크
MSO	생보사상장	4대강정비	출산장려정책	게임
남북경협	기업인수목적회사	수자원질적개선	전기차	생명보험
태양광에너지	희귀금속	보안주	국제회계기준	사료
제2롯데월드	여수엑스포	OLED	평창동계올림픽	황사
IT대표주	GM대우관련주	해운	CCTV&DVR	바이오에탄올
소방기기	스마트TV	클라우드 컴퓨팅	금융자동화기기	전자책
수산	탄소나노튜브	DMB콘텐츠	열연제품판매	카지노
수소에너지	월드컵수혜	한국형 우주발사체	치아치료	네비게이션
플래시메모리	첨단의료복합단지	전력설비	음반	전자파

테마	구제역/광우병 수혜주	신종플루예방	황사	한국형 우주발사체
테마로 분류된 종목	사조산업	코스맥스	휴비츠	두산인프라코어
	하림	한국콜마	안국약품	현대중공업
	사조대림	파루	삼일제약	비츠로테크
	마니커	케이엠	웅진코웨이	한화
	동원산업	케이피엠테크	솔고바이오	삼성테크윈
	신라에스지	이노칩	웰크론	대한항공
	신라교역	보령메디앙스	크린앤사이언스	
	동원수산	MDS테크	케이엠	
	사조오양	대봉엘에스	성창에어텍	
	백광소재	노루페인트	위닉스	
	한성	크린앤사이언스		
		진로발효		
		네오팜		
		웰크론		

이해를 쉽게 하기 위해서 표 7을 살펴보자.

표 7은 앞의 표 6에 제시되었던 테마들 중 몇 가지를 뽑아 동일 테마에 속하는 종목들을 보여준 것이다. 구제역과 광우병이 발생하면 대체로 식품을 만드는 회사가 주목을 받기 시작하고 황사가 발생하면 먼지를 제거하는 상품을 생산하거나 건강에 관련된 기업이 관심을 받으며, 신종플루가 발생하면 백신, 방역, 소독 등과 관련 있는 종목에 매기가 몰린다.

테마매매는 수많은 주제를 가지고 있는 사회의 산업과 현상 중에서 '내일은 어떤 것이 이슈화되고 대중의 관심을 받을 수 있을까?'를 생각하고 매매하는 기법이다. 하지만 대중의 마음을 누가 장

담할 수 있으며, 내일 새롭게 주목받을 기삿거리를 어떻게 알 수 있겠는가?

테마매매법은 그럴듯하지만 실제로 투자를 해보면 혼란스러움만 느끼게 된다. 격변하는 사회현상과 이슈, 계속해서 나오는 새로운 상품과 기술개발 소식을 어떻게 따라잡을 수 있으며, 변덕 심한 대중들이 어디에 관심을 폭발시킬지 무슨 수로 미리 알겠는가? 테마매매를 하다 보면 어느 순간 유행을 따라 이리저리 줏대 없이 흔들리고 있는 자신을 발견하게 될 것이다.

본격적으로 공부에
뛰어든 중기 단계

이론적인 투자방법은 투자 대상을 바라보는 기준점을 마련해줄 뿐 실제로 투자를 행하는 것과는 큰 차이가 있다는 사실을 깨닫게 됐다. 이론을 만들기 위해서는 가정이 존재한다. 하지만 현실 세계에서는 가정이 통하지 않는다. 더구나 투자란 본질적으로 인간이 중심이 되는 활동이기 때문에 항상 변화해 간다.

단기매매의
한계를 깨닫다

앞에서 말했듯이 나는 초기 시절 정신이 없었다. 매일 매매일지를 몇 시간에 걸쳐서 기록했고 전 종목의 차트를 돌려 보았으며 주식시장이 열리는 오전 9시부터 오후 3시까지는 시황을 모니터링하고 실시간으로 뜨는 공시와 소문을 받아들였다. 밤에는 밤대로 세계 증시에 집착해서 잠도 제대로 잘 수 없었다. 그리고 시기와 상황에 따라 끊임없이 달라지는 대중의 관심과 유행을 알아차리기 위해 노력했다.

이렇게 정신이 없고 힘들기는 했지만 현실적인 수익률은 뛰어났다. 연 100%는 가볍게 넘었다(20대 초에 대기업 중견간부 연봉 이상을 벌고 있었다). 하지만 돌이켜 생각해보면 그때는 내가 잘해서 수익이 난 것이 아니라 시장에 참여하기만 하면 누구나 돈을 벌 수 있

는 장세였다. 주식시장에 본격적으로 뛰어든 2001년부터 서브프라임이 터진 2007년까지는 코스피지수가 500을 저점으로 2000까지 오르는 대세 상승구간이었다.

이런 단기차익을 노리는 매매방법과 기술은 초기 3년 정도 경험하고 한계를 느끼면서 포기했다. 이런 식의 단기적인 매매로는 큰 자금을 안정적으로 운용할 수 없다는 것을 깨달았다. 쉽게 예를 들자면 억 단위만 넘어가도 앞서와 같은 매매방법을 사용하기가 어렵다. 주식은 계속해서 위험을 짊어져야 하는 위험자산이므로 무리하게 매매할 경우 결국 손에 쥐는 돈은 제로가 된다.

그래서 계좌보호책으로 손절매라는 게 있지 않느냐고 사람들은 말한다. 하지만 손절매는 인간의 감정에 반하는, 그야말로 마지못해 하는 행동이다. 몇 만 원 단위의 손절매를 할 때도 자존심이 상한다는 것을 느끼게 된다. 돈도 돈이지만 게임에서 졌다는 패배감이 상처를 주는 것이다. 그런데 액수가 커지면 그야말로 돈 때문에 손절매를 하기가 힘들어진다. 1,000만 원의 투자금에서 -10%라면 100만 원을 포기하는 것이지만 투자금이 1억 원일 때 -10%면 1,000만 원이 된다. 투자금이 더 클 경우에는 손실을 인정해야 하는 금액이 더 커진다. 일반인은 이러한 스트레스를 절대로 이겨낼 수 없다. 하루 만에 1,000만 원을 손절매하고 "그래, 다시 회복시켜보자!"라는 파이팅의 자세가 나오겠는가?

초기 3년 정도 단기매매를 하면서 주위 지인들과 친구들에게 돈을 벌었다는 소문이 돌기 시작하자 투자자문과 위탁계좌 상담이 들어오기 시작했다. 내 돈만으로 매매를 하다가 다른 사람들의 투자금을 맡게 되고, 다른 사람들의 투자에 관여하게 되자 규모도 규모거니와 많은 것이 달라지기 시작했다.

먼저 나의 투자철학이나 방향을 사람들에게 설명해야 했다. 그 과정에서 내가 얼마나 멍청한지 스스로 깨달았다. 당시 매매방법으로 투자자문을 하면 그것은 투자자문이 아니라 투기자문이었다. 논리도 엉망이었다. "이 주식을 사면 돈을 벌 수 있습니다. 이 주식을 사세요" 정도였다. 이게 무슨 투자인가? 나는 상담이 있을 때마다 나를 반성했고 더 공부했고 고민했다.

그리고 얼마 후에는 주식을 단기적으로 매매하는 것은 사실상 불가능하게 되었다. 자금이 커지고 관리하는 계좌 수가 많아졌기 때문이다. HTS를 떠나지 못하고 노심초사하는 대신 스스로의 무식함에 치를 떨며 본격적으로 공부하기 시작했다.

주식의 가치는 기업의 가치와 운명을 같이한다

초기의 매매기법은 사람의 심리를 이용하는 것이었다. 투자 대상물의 가치와 가격은 상관없이 오직 시장에 참여하는 대중이 어떤 것에 관심을 가지고 있는지, 시장의 심리상태는 어떤지 눈치를 보고 손절매를 생각하면서 조심스레 투자하는 방법이었다.

하지만 이러한 심리적 매매의 한계를 깨닫고 투자 대상물의 본질적인 가치와 가격에 대해서 생각하기 시작했다. 그리고 작정을 하고 공부에 뛰어들었다.

먼저 중점적으로 공부한 것은 '기업의 적정한 가치와 가격'이었다. 더는 대중의 심리에 지배받지 않고 유행을 타지 않고 소신 있게 투자할 수 있도록 투자 대상물의 본질적 가치에 대해서 생각하고

연구했다. 그리고 투자 대가와 전문가의 매매방법 그리고 투자에 관한 다양한 이론을 다룬 책들을 하나씩 섭렵하기 시작했다.

그리고 실제로 익힌 다양한 이론과 방법, 기술을 하나씩 실험적으로 적용했다. 그 결과 나는 다음과 같은 결론을 내렸다.

▌이론은 이론일 뿐이다.

이론적인 투자방법은 투자 대상을 바라보는 기준점을 마련해줄 뿐 실제로 투자를 행하는 것과는 큰 차이가 있다는 사실을 깨닫게 됐다. 이론을 만들기 위해서는 가정이 존재한다. 하지만 현실 세계에서는 가정이 통하지 않는다. 더구나 투자란 본질적으로 인간이 중심이 되는 활동이기 때문에 항상 변화해간다.

주식투자는 결국 기업에 투자하는 것이다. 자본주의 체제에서 기업은 본질적으로 치열한 경쟁에 끊임없이 노출되고 살벌한 시장의 논리에 지배된다. 따라서 끊임없는 경쟁 속에 어떤 기업도 미래를 확고하게 보장받지 못하며 기업의 미래가 불안정한 만큼 주식투자 역시 안정적인 미래를 장담할 수 없다.

주식투자는 기본적으로 확정적인 이자를 받는 무위험 금융상품이 아니다. 회사가 무한대로 성장하고 발전하면 주식의 가치도 그에 따라 올라가겠지만 회사가 쇠퇴하면 주식의 가치는 하락하고 심하면 상장폐지가 될 수도 있다.

주식과 비교되는 채권이라는 투자 대상을 생각해보자. 채권은 말 그대로 빌려준 돈을 받을 권리를 가지고 있는 증서다. 따라서 채권을 매수(투자)하면 원금과 확정적 이자를 받을 수 있는 권리를 갖게 된다. 채권증서에는 원금과 이자를 어떤 방식으로 받을지 기록되어 있다. 채권의 형태는 다양하다. 빌려준 돈을 어떤 방식으로 받는지에 대한 방법이 수없이 많기 때문이다.

자본주의 사회에서 활동을 하기 위해서는 돈이 필요하다. 때문에 국가와 정부기관, 법인 그리고 개인도 채권을 발행한다. 국가는 국채를 발행하고 지방자치단체는 지방채를 발행하며 회사는 회사채를 발행한다. 돈이 급하게 필요하다면 이자를 8%로 할 수도 있고 10%로 할 수도 있으며 심지어 20% 이상으로 할 수도 있다.

하지만 채권은 빚을 갚아야 할 발행기관이나 법인이 망해버렸을 때 권리가 소멸된다(채권의 원금을 만기에 갚지 못할 때 부도가 났다고 말한다). 때문에 국채는 이자가 회사채보다 상대적으로 낮다. 국가가 망할 확률이 기업이 망할 확률보다 현저하게 적기 때문이다. 즉 채권 수익률은 위험의 정도를 나타내는 것이다. 여기서 우량채권이 나오고 정크본드라는 부실채권이 나온다. 채권을 발행한 기관이 부실하면 부실채권이고 발행기관이 정부나 기관, 대기업이라면 상대적으로 중소기업의 채권보다는 우량하다고 한다.

이러한 채권은 빌려준 돈의 확정적 이자가 투자의 대상이 된다. 때문에 안전하지만 큰 수익이 나기는 힘들다. 상대적으로 지나치게

높은 이자를 내세우는 채권은 분명히 발행기관이 부실요인을 안고 있다는 것이므로, 채권 수익률만 쫓다가는 이자는 고사하고 원금까지 통째로 잃을 수도 있다. 즉, 빌려준 돈을 떼이게 된다는 말이다.

채권과 달리 주식은 확정된 이자나 배당이 없다. 더욱이 원금을 보장하지도 않는다. 그래서 주식은 위험이 높은 자산으로 분류된다. 그러면 주식투자는 무엇에 대한 투자일까? 주식은 회사의 일정 지분에 대한 투자다. 주식의 가치가 회사의 가치와 운명을 같이하기 때문이다.

> **주식의 가치는 기업의 가치와 운명을 같이한다.**

주식은 확정된 이자나 배당이 없으며 그 가치는 기업의 가치에 기반한다. 기업은 치열한 경쟁 속에서 살아남아야 하는 법인이라는 생명체이며 그 가치는 끊임없이 변한다. 그러므로 주식의 가치 역시 본질적으로 고정될 수 없다. 주식의 가치는 확정된 이자나 배당으로 측정되는 것이 아니라 회사의 가치를 중심으로 평가되기 때문이다.

> **기업의 가치가 변하기 때문에 주식의 가치도 고정될 수 없다.**

　자본주의 체제에서 기업의 가치가 본질적으로 고정될 수 없기 때문에 주식의 가치와 가격 역시 본질적으로 고정되지 않는다는 점을 생각하고, 많은 투자이론과 방법, 기술을 참고하여 자신만의 투자철학을 정립해보도록 하자. 무엇이든 하늘에서 뚝 떨어질 순 없는 법이다. 다양한 이론은 우리의 사고와 철학의 폭을 넓혀주며 새로운 기준점을 마련해준다.

03.. 주식의 가치와 가격의 괴리

나의 경험에 의하면 기업의 가치를 객관적으로 평가하는 것은 불가능에 가깝다. 때문에 주식의 가격과 가치를 객관적으로 평가하는 것도 불가능에 가깝다. 하지만 객관적으로 평가할 수 없다고 해서 회사의 가치를 평가하거나 주식의 가격을 측정하는 일이 불필요하다고 단정하는 것은 타당하지 않다.

회사의 가치와 주식의 가치에 대해 정확하고 객관적인 평가를 내릴 수는 없지만 추정치를 도출할 수는 있다. 주식의 가치와 가격을 평가하고자 하는 수많은 연구와 이론이 행해졌으며 이를 배움으로써 우리도 추정치를 얻을 수 있다.

그렇지만 이론을 통해 기업과 주식의 가치에 대해 판단했더라도 그것은 어디까지나 추정치라는 점을 잊지 않는 것이 중요하다. '이

회사의 주가는 얼마가 딱이다'라고 고정적으로 보는 것이 아니라 '이 회사의 주식은 이 정도면 고평가 또는 저평가다'라고 잠재적 수준을 감안한다고 봐야 한다.

그러면 주식의 가격과 가치는 무엇으로 평가되는가? 핵심적인 요소를 꼽자면 다음 세 가지로 볼 수 있다.

지금부터 주식의 가격을 평가하기 위한 3대 요소를 함께 알아보자. 각 요소들의 중요성과 이론, 한계를 개괄할 것이다. 본질적으로 고정될 수 없는 기업의 가격과 가치를 어떤 기준으로 평가할 수 있는지, 그로부터 도출된 주식의 가격과 가치를 우리는 어떻게 바라봐야 하는지를 생각하기 바란다.

양적 분석의 자료

양적 분석은 기업과 관련하여 기록되어 있는 숫자와 각종 통계적 수치, 회계자료를 바탕으로 한다. 현금흐름은 어떻게 되는지, 돈

을 얼마나 벌고 있는지, 기업이 가지고 있는 재산과 빚은 얼마인지 등이다.

구체적인 자료로는 기업의 손익계산서와 대차대조표 그리고 현금흐름표 등을 생각할 수 있다. 이 밖에 제품의 판매가격과 생산원가, 비용, 생산능력 등과 같이 객관적으로 기록할 수 있는 수치들도 포함된다.

질적 분석의 자료

질적 분석은 숫자로 기록될 수 없는 기업의 요소들을 다룬다. 인간이 중심이 되는 기업의 속성상 숫자와 수치로는 도저히 다룰 수 없는 부분이 있기 마련이다. 질적 요소는 기업의 성격과 특징을 형성한다.

예를 들어 경영자의 능력과 열정, 도전정신 그리고 기업만의 독특한 문화, 업종 안에서의 상대적인 위상, 노사관계, 비즈니스 모델, 영업능력 등이다. 기업의 사업부문과 동종 업계나 경기 전반에 걸친 전망 등도 포함된다.

질적 분석은 숫자로 표현할 수 없기 때문에 객관적인 평가가 어렵지만 기업의 미래를 분석할 때 양적 분석보다 훨씬 중요하다.

심리적 분석의 자료

심리적 분석은 숫자로 표현할 수 없고, 질적 요소와도 다른 여러

가지 난해한 요소를 바탕으로 한다. 기업의 중심이 되는 것도 사람이며 이러한 기업의 가치를 평가하는 것도 사람이기 때문에 어떤 데이터를 기반으로 하는지를 명시하기란 상당히 애매하다.

주식시장에 유통되는 주식의 가치에는 양적 가치, 질적 가치가 있고 이와 더불어 그 가치를 기반으로 시장 참여자가 평가를 내린 가격이라는 것이 존재한다. 주식의 가격은 시장에 참여하는 모든 주체의 매수와 매도에 의해서 매일, 매 순간 결정된다. 그리고 시장에 참여하는 대중들은 항상 일정한 감정상태에 있는 것이 아니라 수시로 기복을 보인다. 즉, 시장의 가격을 결정하는 데 작용하는 이와 같은 것들이 심리적 요소가 된다.

04.. 기업을 평가하는 양적 분석 3대 요소

양적 분석은 계량적인 분석이다. 숫자로 분석하고 판단하고 논리를 만들 수 있기 때문에 이론적으로 가장 권위가 있다. 양적 분석에서 많이 활용하는 것은 재무제표의 손익계산서와 대차대조표다. 투자 이론가들은 본질적으로 고정될 수 없는 주식의 가치를 논리적으로 분석하기 위해서 고정적인 투자수단인 채권의 가치와 비교하기도 한다.

표 8 | 이론상 채권과 주식의 가치 비교

이론적 채권의 가치	이론적 주식의 가치
확정된 이자와 원금을 받을 수 있다. 때문에 발행기관의 안전성과 이자율, 기간으로 가치를 측정한다.	양적 가치로 주식의 가치를 평가한다. 회사의 순자산과 수익률, 배당으로 가치를 평가한다.

예를 들어 채권에 투자하면 확정된 이자를 받을 수 있고(이자 지급 방법과 시기는 다양하다) 만기에는 원금을 돌려받는다. 따라서 채권의 가치는 만기와 이자율에 의해 측정할 수 있다. 이와 비교하여 이론적 주식의 가치는 배당률로 측정한다. 하지만 주식의 배당은 채권의 이자처럼 고정될 수 없다. 때문에 이러한 이론은 한계를 지닌다. 예를 들어 배당을 하지 않으면 주식의 가치는 없다고 말하지만, 새로운 산업에 진출하거나 기존 산업의 강화를 위해 재투자를 결정하고 배당을 유보하는 우량기업도 많다.

일반적으로 양적 분석을 할 때는 숫자로 나타낼 수 있는 수익률, 자산가치, 배당이라는 3대 요소를 기반으로 한다. 각각의 요소를 살펴보자.

양적 분석의 이론적 3대 요소

수익률

자산가치

배당

수익률

기업의 존재이유는 어디까지나 '이윤추구'다. 그러므로 기업을 분석할 때 가장 핵심적인 것은 당연히 수익률이다. 현재까지의 수

익률과 미래의 수익률 전망은 사실상 대부분의 분석에서 논의의 핵심이 된다.

그런데 높은 수익률을 기록했다면 그 기업의 가치는 무조건 높은 것인가? 그래서 주식의 가격과 가치도 높아질 거라 예상할 수 있는가? 투자란 그렇게 간단히 결론이 나는 일이 아니다. 현재 기록된 기업의 수익률에 대해 숙고하면서 다음과 같은 점들을 따져봐야 한다.

지금 기록되는 기업의 수익률이

- 단기적인 것인가, 장기적인 것인가?

- 일회성인가, 지속되어왔는가?

- 미래에도 일정할 것인가, 변동할 것인가?

- 지속해서 상승 확장할 수 있는가, 지속해서 하락 감소할 것인가?

표 9 | **수익률의 예**

기업 \ 연도	1	2	3	4	5	6
A사	3	2	3	3	2	?
B사	2	3	4	5	6	?
C사	8	7	4	1	5	?
D사	7	6	5	4	3	?

간단한 예를 위해서 표 9를 참고해보자. A, B, C, D라는 회사가 매년 만들어내는 수익률을 자연수로 표시했다. 6년째의 물음표에는 어떤 숫자를 기입할 수 있을까?

대부분이 A 회사에는 3을, B에는 7을, D에는 2를 넣을 것이며 C는 예측이 힘들다고 할 것이다. 왜냐하면 우리는 같은 수학교육을 받았기 때문이다. 표에 나온 숫자는 어느 정도 패턴을 갖고 있다. 이러한 추리문제는 수도 없이 풀어보지 않았는가. 어쨌든 양적 분석에서도 추리문제를 풀듯 지난 패턴을 감안하여 미래 추정치를 내놓는다.

그렇다면 또다른 측면을 생각해보자.

1. 앞으로 회사의 영업이익(수익률)이 계속 증가할 것이다.
   따라서 주식의 가격은 상승할 것이다.
2. 앞으로 회사의 영업이익(수익률)이 계속 하락할 것이다.
   따라서 주식의 가격은 하락할 것이다.

제시된 두 경우의 인과관계는 얼핏 보기에 맞는 것 같지만 이런 식의 논리로 실제 투자를 해보면 하나도 맞지 않고 점점 미궁에 빠져들게 된다. 기업의 미래 예상수익을 분석하고 예측해서 매수하거나 매도하는 것은 의미가 없다. 왜냐하면 이 모든 것은 주가에 이미 반영되어 있기 때문이다. 우리는 표 9에서 6년째에 어떤 숫자를 넣

을지 다들 알고 있다.

A사나 B사의 예를 들자면, 실적이 발표되는 시점에 주가는 신고가를 기록하고 언론과 전문가들 모두가 내년에도 회사의 실적은 더 높아질 것이라고 예상할 것이다. 그런데 내년에 실적이 더 좋아질 것이기 때문에 내년의 주가도 더 오를 것으로 예상할 수 있을까? 그런 추리는 상당히 위험하다.

내년에 실적이 좋아질 것을 누구나 예상할 수 있다면 투자자들은 내년이 아니라 지금 그 주식을 살 것이다. 그런데 실적호전 기대치를 갖고 유입되던 매수세가 사그라들면 주가는 더이상 올라가지 못한다. 주가는 사는 사람이 있어야 올라간다. 아무리 경악할 수준의 실적이 발표된다 하더라도 매수자가 없으면 주가는 오를 수가 없다. 실적 전망치가 장밋빛일 때 주가가 종종 상투를 기록하는 이유가 바로 이것이다. 즉, 내년 실적이 좋아질 것이라는 기대는 현재 주가에 이미 반영되어 있다는 뜻이다.

반대의 상황도 마찬가지다. D사를 예로, 주가는 사상 최저가를 기록하고 언론과 전문가들 모두가 내년에도 실적이 더 낮아질 것 같다고 말할 것이다. 그러면 내년에 과연 주가는 무조건 더 하락할 것인가? 내년에 실적이 더 안 좋아질 것이라고 누구나 예측한다고 가정하자. 그러면 지금의 주가에 그것이 반영되어 있다고 생각해보진 않았는가?

현재 수익률과 미래 수익률 전망치는 미래의 주가와 일치하지

않는다. 이를 정리하면 다음과 같다.

숫자로 도출할 수 있는 미래 추정치를 갖고 확신에 차서 투자를 하면 큰 함정에 빠진다. 현재의 주가에는 미래의 기대도 이미 반영되어 있다는 점을 생각하자.

양적 분석에서는 수익률을 통해 주가가 고평가냐 저평가냐를 판단할 때에도 전통적인 채권의 가치와 비교한다. 현재의 수익률과 주가의 관계를 시중의 채권금리와 비교하는 것이다.

그런데 확정된 이자와 원금이 보장된 채권을 두고도 위험이 높은 주식에 투자하는 것은, 안정적인 채권에 비해 높은 수익을 기대하기 때문이다. 예를 들어보자. 국채(국가에서 발행하는 채권)의 수익률이 연 6%라고 가정할 때 국채를 매수하면 원금을 떼일 걱정 없이 안정적으로 연 6%의 수익률이 보장된다. 그럼에도 주식에 투자하고자 한다면 최소한 국채 수익률인 6%를 넘어야 한다.

위험자산인 주식에 투자하려면
안전자산인 채권보다 기대수익률이 높아야 한다.

채권보다는 수익률이 높아야만 주식투자의 의미를 찾을 수 있다. 시중에 안전한 6%짜리 채권이 있을 때 회사의 영업이익률이 6%를 넘지 못한다면 그 회사는 채권의 이자도 벌지 못하는 것이다.

이번에는 기업의 수익성에 대해 알아보자. 대표적인 수익성 지표에는 EPS와 PER이 있다. EPS는 해당연도에 벌어들인 순이익(당기순이익)을 그 기업이 발행한 전체 주식수로 나눈 값, 즉 주당순이익이다.

EPS=당기순이익/총발행주식수

예를 들어 100만 원의 당기순이익을 낸 회사의 총발행주식수가 100주라면 EPS는 1만 원이다. 주당순이익이 1만 원이므로 회사는 주주들에게 1주당 1만 원씩의 수익을 내주고 있다고 볼 수 있다.

PER은 현재의 주가가 주당순이익의 몇 배가 되는가를 나타내는 지표다. 다시 말해 현재의 주가를 EPS로 나눈 값, 즉 주가수익비율이다.

PER=주가/주당순이익(EPS)

예를 들어 회사의 주가가 현재 10만 원일 때 EPS가 1만 원이라면 그 회사의 PER은 10이다. 현재 주당순이익의 10배로 거래되고 있다는 뜻이다. 회사가 지금 EPS 수준(1만 원)을 10년 동안 꾸준히 유지한다면 10년 뒤에는 매수 원금을 뽑을 수 있다. 10년 만에 원금이 2배가 되는 수익률을 복리계산법으로 역산하면 연 8%가 된다. PER 10이라는 수치가 10년 동안 유지된다고 가정한다면 복리 연 8%짜리 적금을 들었다고 가정할 수 있다.

흔히 고평가와 저평가를 판가름하는 기준으로 PER이 20일 때를 이야기한다. PER 20이라는 수치는 복리 연 4%짜리 적금을 들었다고 가정할 수 있다. PER 20이라면 20년을 투자해야 본전을 뽑을 수 있기 때문이다. 하지만 20년 동안 투자해서 겨우 본전을 뽑으려면 뭐 하러 위험자산인 주식을 매수하겠는가? 차라리 복리 4%짜리 적금을 찾아서 안전하게 수익을 얻는 것이 마음 편하지 않은가? 그런 이유로 PER이 20을 넘어가면 주식의 가격이 고평가되어 있다고 통상 이야기한다.

하지만 단순히 PER의 수치로 고평가다, 저평가다라고 획일화하는 것은 무리가 있다. 무엇보다 현재 PER은 단지 현재의 지표일 뿐이기 때문이다. 미래의 수익은 현재의 지표로 예단할 수 없다. 산업과 업종에 따라 어떤 회사는 순이익이 폭발적으로 증가할 수도 있고 급격하게 감소하는 회사도 있을 것이며, 순이익이 일정한 회사도 있을 것이다. 순이익이 폭발적으로 증가하는 회사라면 현재 PER

이 20이라 해서 고평가라고 할 수 있을까? 순이익이 급격하게 감소하는 회사가 현재 PER 5를 나타낸다면 저평가라고 단정지을 수 있을까?

수익률 지표는 기존의 안정적인 이익을 기반으로 미래 역시 안정적으로 예측할 수 있는 고전적인 산업이나 기업(철강, 원자재, 국영기업 등)을 제외하고는 해석하기에 따라서 달라질 수 있다. 어디까지가 고평가이고 어디까지가 저평가인가에 대한 문제는 미래의 수익을 어떻게 바라보느냐에 따라서 달라진다. 미래의 수익을 전망하는 관점에 따라 주식의 적정가격은 천차만별로 나타난다.

자산가치

수익률 지표와 더불어 양적 분석의 큰 축을 담당하는 요소는 자산가치다. 기업의 순자산가치와 주식의 가격을 비교하여 고평가인지 저평가인지를 판단한다.

주가는 주식시장이라는 유통시장에서 시장 참여자의 판단을 통해 결정되기 때문에 회사의 자산가치와 일치하지 않는다. 바로 이 차이를 비교하는 것이 자산가치를 이용한 주식 평가방법이다.

먼저 회사나 기업의 자산가치가 고정되어 있다고 가정하자. 여기서 자산은 부채를 제외한 순자산을 의미한다. 예를 들어 법인 소유의 건물과 부동산, 각종 산업설비나 기타 재고품 그리고 회사가 보

유하고 있는 채권 등과 같은 다양한 실질재산을 말한다.

A라는 회사가 있고 순자산이 100억 원이라고 '가정'하자. 여기서 '가정'이라는 단어를 쓰는 이유는 기업의 순자산을 정확하게 산출하기란 실제적으로 어려운 일이기 때문이다. 순자산의 가치를 평가하기 위해 일반적으로 대차대조표를 참고하지만 기록되어 있는 자산과 부채는 실제 가격과 일치하지 않는 경우가 대부분이다. 일테면 감가상각비의 유연성, 부동산의 장부가와 실평가액 차이 등이 있다. 또한 참고할 수 있는 자료 자체가 이전 연도나 이전 반기의 기록이기 때문에 현재 시점과 차이가 날 수 있다.

아무튼 대차대조표에 순자산 100억 원이라고 기재되어 있는 A라는 상장회사가 있다고 하자.

먼저 주식의 가격을 살펴보자. 상장된 주식의 가격은 매일 시장에 의해서 새로운 평가를 받는다. 그것이 현재 거래되는 주가다. 이 주가에 총발행주식수를 곱하면 시가총액이 산출된다.

시가총액＝총발행주식수×주가

A사 주식이 1만 원이고 발행한 주식수가 100만 주라면 이 회사의 시가총액은 100억 원이다. 이론적으로는 100억 원이 있다면 시가총액이 100억 원인 이 회사를 통째로 살 수 있다.

이제 순자산과 시가총액을 비교해보자. A사의 순자산이 100억 원이라고 가정했으므로 시가총액 역시 100억 원이라면 이 회사의 주식은 순자산과 동일한 평가를 받고 있다는 얘기가 된다.

순자산과 주가를 비교할 때 흔히 쓰는 지표는 PBR, 주가순자산 비율이다. PBR은 회사의 전체 순자산과 시가총액을 비교하는 개념이 아니라 1주당 비교를 한다. 다시 말해 주당순자산(BPS)을 주가로 나눈 값이다.

PBR=주가/주당순자산

A사의 PBR을 구해보자. 100억 원의 순자산을 100만 주라는 전체 주식수로 나눴을 때 1만 원이라는 1주당 순자산이 나온다. 주당순자산 1만 원을 주가 1만 원으로 나누면 1이 되고, A사의 PBR은 '1'이다. 여러 가지 단순계산의 예를 들면 다음과 같다.

100억 원의 순자산을 보유한 회사가 있을 때

- 시가총액이 200억 원이라면 PBR은 2

- 시가총액이 100억 원이라면 PBR은 1

- 시가총액이 1,000억 원이라면 PBR은 10

- 시가총액이 50억 원이라면 PBR은 0.5

그렇다면 그 의미는 무엇일까? PBR이 10인 주식을 매수하는 것은 회사의 순자산에 비해 10배의 프리미엄을 주는 것이며 PBR이 0.5인 주식을 매수하는 것은 회사의 순자산에도 못 미치는 가격에 주식을 매수하는 것이다. 앞의 네 가지 경우 중에서 본다면 우리는 흔히 PBR이 10인 회사를 고평가라 하고 PBR이 0.5인 회사를 저평가라 한다.

주로 거대 기관 투자자나 헤지펀드들은 고난도 회계작업을 거쳐 (장부가치와 실제가치가 다르기 때문이다) PBR이 낮은 회사(주로 0.5 미만 회사)를 통째로 인수한다는 생각으로 주식을 매수한다. 만에 하나 최악(상장폐지)의 상황이 발생하면 회사를 청산한다는 생각이다. 물론 그들이 투자에 실패할 확률은 낮지만 청산가치보다 떨어지는 주식은 대부분 사양산업을 영위하는 기업이거나 어떤 이유로든 적자를 보는 기업일 가능성이 크기 때문에 만약을 대비하는 것이다.

지금까지 살펴본 것처럼 순자산의 가치와 시장에서 평가받는 주식의 가치를 비교하는 것이 바로 자산가치를 활용한 주식평가방법이다. 그런데 단지 순자산에 비해 주가가 저평가되었다고 해서 안심하고 주식을 매수해도 될까?

순자산에 비해 주가가 저평가상태이면 좋은 주식인가?
순자산에 비해 주가가 고평가상태이면 안 좋은 주식인가?

순자산과 주가의 비교 결과만을 두고 고평가, 저평가를 이야기하는 것은 무리다. 그런데도 이 결과를 맹신하여 저평가된 종목을 찾았다면서 무조건 매수하는 사람들이 있다. 순자산과 주가만을 비교하는 것은 다분히 이론적일 뿐 아니라 기업의 수익성이라는 점을 감안하지 못했다는 또다른 측면의 문제점을 안고 있다.

순자산은 적지만 경영자의 눈부신 아이디어와 혁신으로 투자자들의 이목을 끌고 투자를 받아서 높은 순이익을 창출하는 기업도 있다. 당연히 이 기업의 주가는 시장에서 좋은 평가를 받아 높게 형성될 것이다. 이러한 회사도 무조건 고평가인가?

반면 순자산은 많지만 영위하는 업종이 사양산업으로 진입해서 더 성장하지 못하고 적자를 면치 못해 투자자금이 이탈하는 회사도 있다. 이러한 회사의 주가는 당연히 하락 압력을 받아 낮게 형성될 것이다. 이러한 회사가 무조건 저평가인가?

단순히 회사의 자산가치만으로 주가의 적정성을 평가하는 것 또한 얼마나 이론적인지 알 수 있다.

배당

주식을 보유하면 회사의 이익을 나누어 받을 수 있는 권리를 갖는다. 그 결과물인 배당은 채권의 이자율(이표채)과 비교하여 주식투자의 적정성을 측정하는 이론적 토대가 된다.

채권은 이자를 주기 때문에 투자가치가 있다. 이론적으로 이와

비교하자면 주식은 배당을 주기 때문에 투자가치가 있다고 말할 수 있다. 하지만 단순히 배당을 많이 한다고 해서 주식의 가치가 향상되는 것은 아니다.

배당을 한다는 것은 회사의 순이익 중에서 일부를 주주에게 돌려주는 것이다. 주주 입장에서 생각해보자. 배당을 받으면 그 돈으로 무엇을 할 것인가? 음식을 사 먹을 것인가? 차를 살 것인가? 옷을 살 것인가? 아니면 재투자를 할 것인가? 재투자를 한다면 어디에 할 것인가?

배당을 받은 돈은 재투자를 하는 몇몇 개인을 제외하고는 대부분 사소한 곳에 소비되어 사라지고 만다. 저금을 하는 경우도 있지만 주식투자를 하고 있는 사람에게 저금을 하라고 배당금을 나눠주는 것이 합리적일까? 당장 얼마의 돈이 수중에 들어오진 않지만 배당을 유보하여 기업이 재투자를 하는 것이 주주들, 그러니까 투자자 자신에게도 이롭지 않을까?

배당 문제에 관해서는 '당장에 순이익을 주주들에게 현금으로 배당하는 것이 좋은가?' '미래의 더 큰 수익률을 위해 배당을 유보하고 기업이 신규사업이나 기존 사업에 재투자하는 것이 좋은가?'를 따져보는 것이 필요하다.

그러므로 단순히 배당을 많이 하는가 적게 하는가에 따라 주식의 가치를 고평가나 저평가로 정하는 것은 이론상으로나 가능한 일이다. 실제 이 기준을 가지고 투자에 나서면 많은 시행착오를 겪게 된다.

05.. 숫자로 표현할 수 없지만 중요한 질적 요소

주가는 각종 수치를 통해 객관적으로 고평가인지 저평가인지를 평가할 수 있는 것이 아니다. 양적 수치는 시대와 상황에 따라 각기 다른 방식으로 해석된다. 해석이 달라지면 주식의 가치와 가격에 대한 전망도 당연히 달라진다.

양적 요소는 숫자로만 표현할 수 있는 한정적 요소다. 하지만 사람이 중심이 되는 기업은 숫자로 표현할 수 없는 많은 요소가 존재한다. 예를 들어 회사를 이끌고 운영하는 경영자의 성실성과 열정, 도전정신은 어떻게 평가할 것인가? 이러한 요소는 어떤 잣대로 순위를 매기고 점수를 줄 수 있는가? 그 외에도 회사의 성격과 특징, 회사의 문화와 노사협력 등과 같이 숫자로 표현할 수 없는 많은 요소가 있다.

이렇게 숫자로 표현할 수 없는 요소를 분석하는 것을 질적 분석이라고 한다. 하지만 질적 요소는 숫자로 표현할 수 없다는 그 점 때문에 논할 수 있는 이론적 토대가 거의 없는 실정이다. 누구나 수긍할 수 있는 객관적인 기준을 잡을 수가 없고, 기준이 없기 때문에 논의할 거리조차 찾을 수 없는 상황이기도 하다.

대부분의 증권분석은 주로 전문적으로 통계분석을 하는 금융기관이나 회계기관, 증권회사 보고서의 형태로 주식투자자들에게 제공되는데, 질적인 요소는 대부분 수박 겉핥기식으로 간략하게 나타나 있을 뿐이고 계량적인 분석에 치중되어 있다.

이는 마치 우리가 어떤 사람과 함께 사업을 한다고 가정할 때 그 사람의 집안이나 돈, 학력 등 겉모습만을 따져 판단하는 것과 같다. 정작 그 사람의 진실성과 도덕성, 인품, 열정과 같은 더욱 중요한 요소는 아예 논의조차 되지 않는 것이다.

그런 면에서 볼 때 각종 분석이라는 이론적 틀 속에서는 화려한 겉모습이나 이러저러한 통계적 수치에만 집착하면서 가장 중요한 것은 모조리 놓치고 있다고 할 수 있다.

현재까지 주식투자에 관한 대부분 이론은 양적 분석에 초점을 맞추었기 때문에 질적 요소를 분석할 만한 이론적 토대가 없다. 사실상 객관적인 분석이 불가능하기 때문에 대부분 주관적인 미래 전망이나 추정치, 기대와 평판에 의존한다.

하지만 객관적인 분석이 불가능하다고 해서 아예 시도조차 하지 않아서는 안 된다. 정립된 이론이 없을지라도 스스로 해결책을 찾아내려는 노력을 하다 보면 무엇이든 한 가지는 배울 수 있을 것이며 그런 과정을 통해 진정한 투자자로 거듭날 수 있다.

내가 참고하는 것 중 하나는 권위 있는 투자자의 조언을 기록해두고 그 기준에 맞는지를 살펴보는 것이다. 기업의 질적 요인 중 어떤 것을 어떤 관점으로 분석해야 하는지, 필립 피셔가 제시한 열다섯 가지 원칙은 다음과 같다.

1. 적어도 향후 몇 년간 매출액이 상당히 늘어날 만큼 충분한 시장 잠재력을 보유한 제품이나 서비스를 가지고 있는가?
2. 최고경영진은 현재의 매력적인 성장 잠재력을 가진 제품의 생산 라인을 더이상 확대하기 어려워졌을 때에도 회사의 전체 매출량을 늘릴 수 있는 신제품이나 신기술을 개발하려는 의지를 갖고 있는가?
3. 기업의 연구개발 노력은 회사 규모를 감안할 때 얼마나 효과적인가?
4. 평균 이상의 영업조직을 가지고 있는가?
5. 영업이익률을 충분히 거두고 있는가?
6. 영업이익률 개선을 위해 무엇을 하고 있는가?

7. 돋보이는 노사관계를 맺고 있는가?

8. 임원들 간에 긴밀한 관계가 유지되고 있는가?

9. 재능 있고 두터운 기업경영진을 갖고 있는가?

10. 원가분석과 회계관리 능력은 얼마나 우수한가?

11. 해당 업종에서 아주 특별한 의미를 갖는 별도의 사업부문을 갖고 있는가? 그리고 이것이 경쟁업체에 비해 얼마나 뛰어난 기업인가를 알려주는 중요한 단서를 제공하는가?

12. 이익을 바라보는 시각이 단기적인가, 아니면 장기적인가?

13. 성장에 필요한 자금조달을 위해 가까운 장래에 증자할 계획이 있는가? 그리고 이로 인해 현재의 주주가 누리는 이익이 상당부분 희석될 가능성은 없는가?

14. 경영진이 모든 것이 순조로울 때는 투자자들과 자유롭게 대화하지만 문제가 발생하거나 실망스러운 일이 벌어졌을 때는 '입을 꾹 다물어버리지' 않는가?

15. 의문의 여지가 없을 정도로 진실한 경영진을 보유하고 있는가?

《위대한 기업에 투자하라》(굿모닝북스, 2005)

그야말로 기업의 특징과 현 상황을 정확히 짚어줄 만큼 세세한 항목들로 구성되어 있다고 하겠다. 이상의 항목을 통해 질적 분석의 각 요소별로 기준을 만들 수는 있을 것이다. 그런데 공감은 가지만 일반 투자자로서 답할 수 있는 항목은 거의 없다. 이 요소들을 실

제적으로 분석하기 위해서는 기업을 직접 방문하여 심층적으로 조사해야 하기 때문이다. 기업의 경영자와 차라도 마시면서 회사의 미래와 사업방향에 관한 이야기를 나눌 수 있는 여건이 된다면 모르겠지만 그런 일이 있을 수 있을까? 혹시 한두 명은 운 좋게 그런 기회를 만들 수 있다 해도 수많은 투자자들이 기업의 질적 요인을 분석하겠다고 경영자에게 면담 요청을 한다면 어떻게 되겠는가?

질적 요소를 분석하는 데에는 그다음 또 하나의 장애가 있다. 분석하는 사람마다 어떤 관점으로 각각의 요소를 바라보느냐에 따라 미래의 전망이 사뭇 달라진다는 것이다. 양적 분석이든 질적 분석이든 최종적으로 판단을 하는 주체가 인간이기 때문에 만인이 납득할 수 있는 분석결과를 도출한다는 것은 불가능하다.

시장의 주관적 요인을 파악하는 심리적 분석

내가 그의 이름을 불러주기 전에는

그는 다만

하나의 몸짓에 지나지 않았다.

내가 그의 이름을 불러주었을 때

그는 나에게로 와서

꽃이 되었다.

– 꽃(김춘수)

이름을 불러주기 전과 후에 따라 의미 없던 몸짓이 꽃으로 바뀐다는 비유는 참으로 공감이 간다. 마찬가지로 같은 대상물을 바라볼 때

사람마다 어떤 의미를 지니느냐에 따라서 가치와 가격은 달라진다. 똑같은 대상이라도 어떠한 의미를 부여하느냐에 따라 단지 몸짓이기도 하고 아름다운 꽃이 되기도 하는 것처럼 말이다. 주식도 여기에 비유할 수 있다. 같은 주식이라도 투자자인 우리가 어떤 의미를 부여하느냐에 따라서 어떤 것은 몸짓일 뿐이며 어떤 것은 꽃이 된다.

다른 요소들에 비해 투자자들의 심리적 요소는 이론적으로 체계화하는 것이 거의 불가능에 가깝다. 그 때문에 증권분석을 할 때 지나쳐버리거나 생략해버리기 쉽다. 하지만 인간으로 모든 것이 이루어지는 주식시장에서 대상물을 바라보는 투자자의 관점을 논의하지 않는 것은 투자의 핵심을 놓치는 것이다. 어찌 생각하면 논의하지 않는 것이 아니라 논의할 수 없는 것이라는 표현이 옳다. 주식을 바라보는 수많은 투자자들의 관점을 이론적으로 어떻게 체계화할 수 있겠는가? 분석하기가 어렵긴 하지만 투자자의 관점은 투자에 있어서 분명히 중요한 요소다.

조금은 다른 얘길 해볼까 한다. 기업의 가치 중에서도 브랜드의 상징성은 중요한 역할을 한다. 기업은 대중들에게 더 좋은 평가를 받기 위해 끊임없이 마케팅을 펼친다. 광고도 내보내고 좋은 이미지를 더하기 위해 봉사활동도 열심히 하고 기부도 자주 한다. 이런 활동들은 돈도 돈이지만 많은 인력을 써야 한다. 그렇지만 어지간해서는 그 비중을 줄이지 않고, 기업이 잘나갈수록 더 공격적인 활

동을 펼친다. 그 이유가 무엇일까? 궁극적으로 기업에 이익으로 돌아오기 때문이다.

광고와 봉사활동, 기부 등으로 우호적인 이미지가 형성되어 있는 기업의 제품은 소비자들에게 쉽게 선택된다. 소비자들은 같은 가격이라면 우호적인 브랜드, 잘 알려진 대기업의 로고가 붙은 제품을 선택한다.

다시 본론으로 돌아와서, 주식투자에서 종목을 선택하는 투자자들도 마찬가지다. 주식시장의 2,000개에 육박하는 종목 중에서 매수할 기업을 선택할 때는 투자자의 주관적인 관점이 분명히 작용한다. 그 주관적인 관점을 분석하는 것이 지금 이야기하고자 하는 심리적 측면이다.

그림 18 | **투자자의 관점**

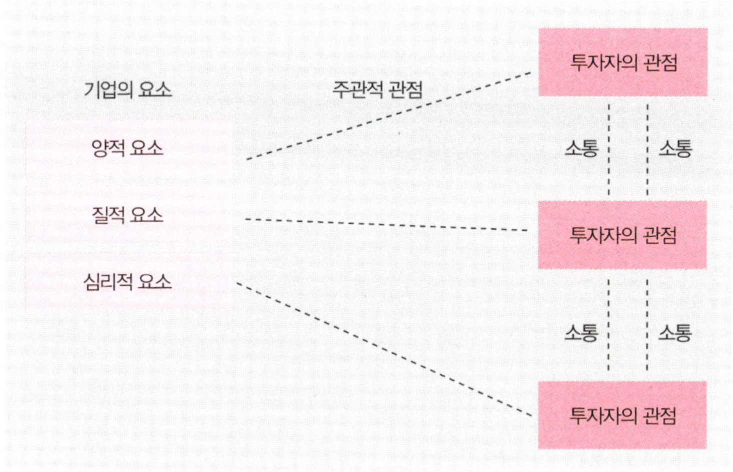

투자자는 자신의 주관적인 기준으로 주식의 가격을 측정하고 투자한다. 하지만 냉정하게 볼 때 오직 자신만의 관점으로 기업을 양적, 질적으로 분석하고 스스로 판단해서 투자하는 배짱이 두둑한 사람은 몇이나 될까? 물론 전문 투자자들은 이렇게 하고 있으며 그럼으로써 시장을 선도한다. 그렇지만 일반 투자자들은 주식의 적정한 가격을 판단하고 미래를 전망한다는 것이 역량을 벗어나기 때문에 다른 투자자들과 소통한다. 주위 사람들의 의견을 수렴하고 더 나아가 각종 전문가와 언론매체의 의견을 참고한다. 그렇게 하다 보면 결국 투자자의 관점은 시장의 평균적 관점에 가까워진다. 이러한 투자자들의 관점이 모여 시장의 관점이 된다.

시장의 관점은 주식시장에서 큰 영향력을 행사한다. 주식시장에 관련된 모든 지표는 어떤 때는 본질이 중요하고 또 어떤 때는 이것을 시장에서 어떻게 평가하고 받아들이는지가 중요해진다. 그래서 어떤 하나의 가치만을 보면서 판단할 수 없으며 시장의 관점에 의존하는 것이 현실이 되어버린다.

결국 주가가 오르고 내리는 것은 본질적인 요소뿐만 아니라 투자자들이 어떻게 인식하고 있느냐에 영향을 받는다. 이를 한 문장으로 요약하면 다음과 같다.

시장이 믿고 인식하는 것,
즉 시장의 관점이 현실이 된다.

예를 들어 경기가 활성화되고 주가가 장밋빛 전망으로 가득해지면 미래수익률이 중요시되며 경영자의 열정과 도전정신이 주목을 받는다. 반대로 경기가 후퇴하고 주가의 전망이 비관으로 가득해지면 청산가치가 중요시되며 경영자의 신중함과 안정적인 사업운영이 주목을 받는다. 또는 본질적인 가치와 상관없이 시대와 상황에 따라 유행하고 선도하는 산업과 업종이 있기 마련이다. 누가 봐도 놀라운 신산업이나 신제품이 탄생한다면 열광적인 대중의 묻지마 투자가 성행한다.

이와 같은 시장의 관점이란 숫자로 대입할 수 없는 것이어서 객관적으로 평가할 수 있는 방법이 없다. 하지만 주식의 가치와 가격에 큰 영향을 미치는 시장의 관점과 평가는 주식투자에서 고려해야 할 요소다. 결국은 기업을 이끌어가는 것도 사람이며 이것에 가치와 가격을 만드는 것도 사람이기 때문이다.

이론으로
현실의 주가 수준을
평가할 수 없다

우리는 자연물을 변형하여 인간에게 쓸모가 있게끔 만들었을 때 투자에 성공했다고 한다. 아무리 획기적인 기술이나 상품이 개발되었더라도 우리가 쓸모없다고 느끼면 그것은 투자에 실패한 것이다. 때문에 투자 대상물의 가치와 가격의 본질은 인간과 분리될 수 없다. 어쩌면 본질이라는 것이 아예 존재하지 않을 수도 있다.

투자 대상물이 인간에게 쓸모가 있고 유용할 때 그것의 가치는 올라갈 것이며 투자 대상물이 인간에게 쓸모가 없어질 때 그것의 가치는 없어진다. 궁극적으로 투자 대상물의 본질적 가치와 가격이 존재하는 것이 아니라 오직 인간에 의해 결정되는 것이다.

어느 저명한 투자 전문가가 말하길 '주식은 그 속성상 궁극적으

로 투기적'이라 했는데 이 말에 공감한다. 우리는 앞에서 주식의 가격과 가치를 평가하는 3대 요소인 양적 요소, 질적 요소, 심리적 요소를 다루면서 이론과 현실의 차이에 대해 논한 바 있다.

사람이 어떻게 생각하느냐에 따라 같은 상황이라도 완전히 달라진다. 이를 주식투자에 비추어 이야기하면 투자자가 어떤 것을 긍정적으로 보느냐, 부정적으로 보느냐에 따라 가치와 가격은 달라진다. 기업의 많은 요소 중에서 무엇을 긍정적으로 보고 무엇을 부정적으로 보는가?

중기 시절 실전 경험과 이론을 통해 기업의 가치와 가격을 평가하기 위해 무척 많은 공부를 했다. 고민하고 다시 생각하고 또 연구했지만 갈수록 혼란스럽기만 했다. 그리고 결국 수없는 방황과 고뇌 속에서 투자 대상의 가치라는 것은 그 자체가 본질적인 것이 아니라 우리에게 평가받는 것이 본질이라는 것을 깨달았다.

나는 언제부턴가 주식이 고평가상태인지 저평가상태인지를 판단하지 않게 되었다. 모든 지표는 참고자료일 뿐이다. 이론과 논리를 통해서 주식의 가격이 이렇기 때문에 저평가이며 이렇기 때문에

고평가라는 생각은 더이상 하지 않는다. 설령 고평가이거나 저평가라는 분석결과가 도출됐다 해도 이미 주가에 모두 반영되어 있다고 생각한다. 왜냐하면 나만 양적, 질적 분석을 할 수 있는 것이 아니기 때문이다. 금융시장에는 수많은 투자 전문가들이 존재한다. 더구나 주식의 가격은 주식시장에서 쉼없이 변하고 있다. 멈춰 있지 않은 대상에 대해 어떤 기준으로 고평가인지 저평가인지를 판단한단 말인가?

주식이 고평가인지 저평가인지를 객관적으로 판단할 수 있는 방법은 존재하지 않는다고 생각한다. 물론 이론상으로는 여러 가정을 전제로 하여 판단을 내릴 수 있다. 하지만 현실에는 가정이 통하지 않는다는 사실, 때문에 이론에 의해 나온 결론을 현실에 무리하게 꿰맞추려고 하면 분명히 실패할 수밖에 없음을 나는 중기 시절에 깨달았다.

08.. 중요한 것은 미래에 성장할 기업을 찾는 것

주식시장을 경험한 시간과 그로써 거둔 성과 면에서 고수라거나 전문 투자자라 불리는 사람들은 한결같이 '공부'의 중요성을 강조한다. 큰돈을 벌려면 공부를 해야 된다는 얘기인데, 단지 공부를 많이 함으로써 주식투자에서 성공할 수 있다면 투자란 얼마나 쉬운 일이겠는가.

주식의 현재 가치는 미래 가치의 거울이다. 현재 기업이 최고의 이익과 실적을 내고 있다 하더라도 미래의 실적이 어떻게 될지 불투명하거나 전망이 암울하다면 주가는 하락한다. 하지만 현재는 보잘것없는 실적이라 하더라도 성장성이 높게 평가된다면 주가는 상승한다.

주식은 대중에게 평가를 받기 때문에 시대의 유행과 흐름 그리고 기호에 큰 영향을 받는다. 우리는 단지 가격만을 기준으로 재화와

서비스를 구입하지 않는다. 예를 들어 커피만 하더라도 가격이 천차만별이다. 스타벅스의 커피값은 밥값과 맞먹지만 사람들은 망설이지 않고 카페 문을 열고 들어간다. 그들이 비싼 커피값을 기꺼이 지불하는 이유는 단지 맛있는 커피를 마셨기 때문이 아니라 스타벅스라는 이름이 제공하는 여러 상징적인 서비스를 누렸기 때문이다.

제품의 상징성과 브랜드 네임은 가격에 큰 영향을 미치는 요소다. 하지만 이러한 것들에 대해 이론적으로 가치를 정하고 비교할 수가 없다. 결국 가격이란 시장 참여자들이 그 시점에 합의한 수준인 것이다. 주식의 가격 또한 마찬가지다.

우리는 상징화되어 있는 브랜드의 제품과 그렇지 않은 제품 중에서 어떤 것을 더 비싸게 사는가? 기업 자체에도 상징성과 브랜드 가치를 지닌 기업이 있고 그렇지 않은 기업이 있다. 또한 시대에 따라 유행하는 산업과 기업이 있다. 우리는 어떤 주식을 더 비싸게 사게 될까?

이론상의 고평가나 저평가를 통해 주식의 절대적인 가격을 측정할 수 있다는 생각을 버려야 한다. 이론을 통해 얻어낸 저평가나 고평가만으로 현실의 주가수준을 판단할 수 없다. (스타벅스의 커피값이 다들 비싸다고 생각하지만 커피전문점 시장은 계속 커지기만 한다.) 실제 이론적으로 저평가되어 있는 주식은 계속해서 저평가되는 경향이 있고 이론적으로 고평가된 주식은 계속해서 상승하면서 더욱

고평가되어간다.

우리가 분석해야 하는 지점은 현재 시점에서 주식이 고평가되어 있느냐 저평가되어 있느냐 하는 것이 아니다. 그것은 기업을 인수합병하고자 할 때 필요한 것이다. 우리가 알려고 노력해야 하는 것은 기업의 미래다. 어떤 기업이 성장하고 주가가 상승할 것인가 하는 점이다.

이러한 물음을 해결하기 위해서는 기준이 되는 이론을 바탕으로 현실과 연관시켜야 한다. 예를 들어보자. 대표적인 가치분석 지표인 PER 또는 PBR 등으로 볼 때 저평가되어 있는 기업이 있다. 하지만 이러한 기업들의 주식은 대개 소형주이며 잘 알려진 브랜드와 상징성도 없다. 그런데 우리는 과연 이러한 기업을 단지 저평가라는 관점에서 당연히 매수해야 할까? 반대로 PER 또는 PBR이 동종업계 대비 높은 기업이 있다. 하지만 대형주이고 독보적인 상징성을 갖는 브랜드와 제품이 있다. 이러한 기업을 단지 고평가라는 관점에서 외면해야 하는가?

대형주는 중소형주에 비해 상대적으로 자본력과 유통망, 영업망이 우수하다. 특히나 우리나라와 같은 대기업 중심 산업구조에서는 그 격차가 크고 갈수록 심화된다. 최근 원성을 듣기도 하는 대기업의 무자비한 사업 확장을 생각하면 쉽게 이해할 수 있다.

이 밖에도 현실적 투자라는 관점에서는 이론적으로 체계화할 수 없는 많은 요소를 고려해야 한다. 먼저 어떤 업종에 속해 있는지 살

펴야 하고 업종 내에서 얼마만큼의 위상을 갖는지도 고려해야 한다. 또한 그러한 위상으로 제품의 가격결정력을 가질 수 있는지 살펴야 하고 진입장벽에 대해서도 생각해야 한다. 매출구성이 어떻게 되어 있는지, 지속적인 매출 신장이 이뤄지는지, 경기에는 어느 정도의 영향을 받는지 등을 비롯하여 사업모델과 기술개발의 영향도 고려해야 하며 시장 자체를 확대시킬 능력이 있는지 등에 이르기까지 구체적인 요소들에 대해서 비교·분석해야 한다.

나는 이에 대한 대답을 할 수 있지만 단답형으로 제시할 수가 없다는 점이 아쉽다. 그 이유는 이것을 하나의 요소라 해도 일괄적으로 적용할 수가 없기 때문이다. 그 점에 대해서는 다음 기회를 약속드리고자 한다. 단답형으로 '이것은 이것이다'라고 설명한다면 현실적 투자에 대응할 수 있는 능력을 갖출 수 없을 뿐 아니라 오히려 불필요한 틀에 갇힐 수 있다.

나의 첫 책에서 투자 철학을 익혔다면 이번 책에서 시장의 갖가지 측면을 실전적으로 접하고, 다음 책에서 본격적인 '종목' 얘기를 하도록 하자. 나는 현재 시장 평균을 훨씬 상회하는 100종목을 내 기준으로 선정하여 각각의 상승 이유와 앞으로의 전망에 대해 정리하는 작업을 하고 있다. 주식시장에서 한 번 수익을 내보겠다는 것이 아니라 투자에서 성공하고 싶다는 생각이라면, 빨리 가르쳐주는 것보다 잘 가르쳐주는 것이 더욱 중요하지 않겠는가?

돈을 넘어서며
유연해진 성숙기 단계

주식시장에서 겪었던 고뇌와 아픔은 무엇을 위한 것이었나? 수없이 쏟았던 눈물은 누구를 위한 것이었나? 대답은 명확하다. 돈을 얻기 위해. 돈이라는 내 사랑과 두려움의 대상을 위해서였다. 정말 부끄럽지만 이제야 말할 수 있다. 지난날의 나는 명백히 속물이었다.

돈의 굴레를 벗어나고 싶다

우리는 경쟁이 치열한 자본주의 체제에서 살아남기 위해서 생산성과 효율성을 따지는 데 익숙해 있다. 그리고 눈에 보이는 모든 대상에 가격을 매기고 숫자로 판단한다. 이러한 사고는 대부분 습관적으로 '돈'과 연결되어버린다. 돈 자체가 숫자이기 때문이다.

삶은 하루하루 선택의 연속이라고 할 만하다. 우리는 '1+1=2'라는 수치적 판단 기준으로 기회비용을 최대로 활용하고 보다 효율적인 선택을 하기 위해서 정신없이 살아간다. 이러한 사고에 젖어 숫자에 집착하느라 돈의 노예가 되어간다. 삶의 무게에 치이고 아파하면서 그 상처와 아픔을 해결해줄 수단으로 필요했던 돈은, 어느새 주객이 전도되어 돈 자체가 삶의 목표가 되어버린다.

믿음, 소망, 사랑, 행복, 의리, 지조, 희망, 꿈, 신념, 신앙…… 이

단어들은 우리에게 어떤 의미를 지닐까? 이것들은 돈보다 중요한가, 아니면 돈을 위해 마땅히 희생해야 할 감정의 부스러기일 뿐인가? 주식시장에서 호되게 당한 어느날 나는 스스로에게 질문했었다. 그리고 나는 속물임을 깨달았다. 언제부턴가 따뜻한 피가 느껴지지 않는 차디찬 계산기가 되어 있었던 것이다. 너무나 놀랍고 당황스러웠다. 숫자로 계산할 수 없는, 삶의 본질적인 요소들에 대해서는 제대로 표현조차 할 수 없는 상태가 되어버렸음을 깨닫고 좌절했다. 어느 것이 비싸다 싸다, 좋다 안 좋다, 효율적이다 비효율적이다 등에 대해서는 순간적으로 쉽게 판단하면서 사랑이란, 신념이란, 믿음이란 무엇인지 점점 알 수가 없게 되었다.

돌이켜 생각해보면 나는 물질만 생각하는 추잡한 속물이었다. 스무 살부터 주식시장에 뛰어들어 나이에 맞지 않게 큰돈을 만지고 또래들이 생각할 수도 없는 큰돈을 바라보면서 달려왔다. 물론 처음 주식시장에서 이루고자 했던 꿈은 순수했다. 이곳에서 꿈과 열정과 희망을 보았다. 하지만 돌이켜 생각해보면 그때뿐이었다. 주식시장에 본격적으로 참여하면서 수익만을 생각하고 끊임없이 돈에 굶주리는 돈의 노예가 됐다. 돈 때문에 몇날 며칠 잠을 못 자고 먹지도 못하고 끊임없이 고뇌하고 절망하고 눈물을 흘리며……. 그렇게 살아왔다.

주식시장이 오르면 난 웃었고 기뻤고 행복했다. 주식시장이 하락

하면 난 절망했고 좌절했고 상처 받았다. 시장의 움직임에 따라 삶의 기분과 패턴이 달라진다는 것은 그만큼 돈에 집착하며 살아왔다는 것이다. 부끄러운 얘기지만 지금의 나는 투자와 돈에 대한 이야기를 이성적으로 덤덤하게 써나가고 있지만 누구보다 돈을 무서워하고 집착하는 삶을 살아온 장본인이다. 그것도 가장 열정이 있었던 20대 시절 나는 완벽한 돈의 노예였다.

주식시장에서 겪었던 고뇌와 아픔은 무엇을 위한 것이었나? 수없이 쏟았던 눈물은 누구를 위한 것이었나? 대답은 명확하다. 돈을 얻기 위해, 돈이라는 내 사랑과 두려움의 대상을 위해서였던 것이다. 정말 부끄럽지만 나는 스스로를 돌아보며 속물이라고 부르길 주저하지 않는다.

그러다가 급기야 중기 시절, 창창한 20대인 나는 돈 때문에 죽음을 결심한다. 진짜 죽으려고 했다. 세상의 모든 것이 흐리게 보이고 회색으로 느껴지기만 했던 그때, 더는 살아갈 기력이 없고 더는 눈물도 나오지 않던 그때, 삶에 대한 한 치의 미련조차 남지 않았던 그때…….

모든 걸 내려놓고 죽음을 생각하자 이 세상의 욕망과 욕심이 얼마나 부질없는지가 느껴졌다. 죽음을 결심하자 오히려 삶의 진정한 의미가 보이기 시작했다. 그때 내가 가장 먼저 한 것은 돈의 노예로서 단단히 묶여 있던 사슬을 끊어낸 일이다.

‘돈이란 무엇인가?’ ‘나는 왜 돈이 필요한가?’ ‘돈이 많으면 무엇을 할 것인가?’ ‘돈이 없으면 왜 죽어야 하는가?’ ‘나는 왜 이토록 돈에 집착하면서 살아왔는가?’ 등 돈에 대한 질문이 꼬리에 꼬리를 물면서 이어졌다. 모든 걸 내려놓고 죽음의 문턱에 이르러 세상의 욕심과 욕망, 부질없는 집착이 모두 사라졌을 때 돈을 바라보니 그냥 종이였다. 그리고 통장에 찍혀 있는 그냥 숫자였다.

얼마나 허무한 일인가! 얼마나 멍청하고 의미 없는 일인가! 나는 종잇조각이 없어져서 죽으려고 했단 말인가? 이까짓 것이 도대체 뭐라고 목숨과 맞바꾼단 말인가! 그때까지 그토록 많은 눈물을 흘리며 집착한 것이 겨우 이까짓 종잇조각이라니! 나는 넋을 잃다시피 되어 돈을 향해 물었다. “돈아, 너는 무엇이냐?”

눈앞에 있는 만 원짜리 종잇조각은 대답을 하지 않았고 나는 또다시 스스로에게 질문을 계속했다. “돈이라는 것은 무엇인가?”

나는 이 질문에 뭐라고 대답을 할 수가 없었다. 여지껏 돈을 더 차지하고 싶다는 욕망에 이끌려왔고, 돈이 없으면 죽을 것처럼 집착했고, 남보다 많이 가져야 성공하고 행복해질 수 있다는 생각으로 그렇게 애정을 쏟았건만 정작 그것이 무엇인지에 대해 답을 내릴 수가 없었다.

나는 뭔가 속고 있는 느낌이 들었다. ‘돈이란 무엇인가’에 대해서만 집중하면서 수많은 시간을 보낸 후 나는 결론을 얻었다. 요약하면 다음과 같은 문장이 된다.

난 돈이면 다 된다고 믿었고, 돈이 있어야만 성공할 수 있다고 믿었고, 돈이 있어야만 인간답게 살 수 있다고 믿었고, 돈이 있어야 행복하게 살 수 있다고 믿었고, 돈이 있어야만 사랑하면서 살 수 있다고 믿어왔다.

그런데 돈에 대해서 이와 같은 오해와 편견을 가진 사람은 비단 나뿐만이 아니다. 어쩌면 내가 믿어왔던 그것들을 지금도 철석같이 믿고 있는 사람들이 많을 것이다. 누구도 돈을 제대로 보고 있지 못하다. '돈이란 무엇인가?'에 대한 질문에 명확한 답을 내릴 수 있는 사람이 얼마나 될까?

본질적으로 생각해보면 돈의 의미는 사랑, 믿음, 소망, 신념, 신앙과 크게 다르지 않을 수도 있다. '돈이란 무엇인가?'에 대한 질문은 '사랑은 무엇인가?'에 대한 질문과 비슷할 수도 있다. 돈이든 사랑이든 모두 관념 속에 존재하는 것이고 형태가 없다.

돈을 감정이 아닌 이성으로 대하기 시작하면서 나는 성숙기 시절을 맞이했다. 돈 자체가 귀한 것이 아니라 돈을 귀하게 여기는 인간의 이성이 귀하다는 것을 깨달았고 돈은 하늘에서 뚝 떨어진 것이 아니라 인류 최고의 지적 산물이라는 것을 알게 됐다.

나는 누구보다 처절하고 불쌍하게 돈의 노예로 살아왔다. 노예의

삶에 지쳐 죽음을 생각했고, 그 극단적인 상황에서 스스로의 굴레와 속박에서 벗어나기 위해 노예의 사슬을 끊어버렸다.

하지만 우리 삶에서 돈의 위력은 실로 대단하다. 내가 아무리 노예의 사슬을 끊었다고 주장해도 돈의 굴레에서 완전히 벗어날 수는 없음을 알고 있다. 단, 이전처럼 우리 삶의 모든 가치보다 돈이 중요하다고 생각하는 어리석은 짓은 다시는 하지 않으리라는 것은 확실하다.

투자는 결국 돈으로 하는 것이다. 돈 자체를 모르면서 투자의 방법을 알려고 하는 것은 본질은 보지 못하고 껍데기만 보는 것에 불과하다. 주식투자로 성공하길 꿈꾸기 이전에 '돈이란 무엇인가?'에 대해 자문하고 답을 얻는 시간을 꼭 갖기 바란다.

02.. '돈'이 아니라 '돈 없는 미래'가 두렵다

살다가 마주치는 수많은 선택의 기로에서 우리는 순간적으로 계산을 하고 결정하는 듯 보이지만 사실 우리 행동의 뿌리는 눈에 보이지 않고 말로는 정확하게 표현할 수 없는 관념에 닿아 있다. 인간이 가진 기본적인 오감만으로는 당장의 현상을 분석하고 인식하는 데도 벅차기 때문에 거대한 자연과 맞서 싸워 생존하기 위해서 인간은 오감을 넘어서는 더 고차원적인 능력을 사용한다. 그것이 바로 관념이다.

관념의 사전적 의미는 '어떤 일에 대해 가지는 생각이나 견해'이다. 인간에게는 기계는 도저히 따라올 수 없는 능력이 있다. 논리적으로 원인과 결과를 맞추어 생각할 수 있는 사고력과 그것의 확장된 형태인 상상력이다.

　당장의 외부적인 현상을 파악하기 위해서는 오감으로도 충분하다. 그렇지만 인간이 사회를 조직하고 질서를 만들기 위해서는 사고력이 필요하고, 미래의 위험과 재난 그리고 알 수 없는 두려움을 이겨내기 위해서 상상력이 필요하다. 이를 정리하면 다음과 같다.

　인간을 짐승과 다르게 만드는 것은 사고력과 상상력이다. 그리고 이러한 사고력과 상상력은 조합이라는 과정을 거쳐 관념이라는 형태로 모호하게 정리되어간다.

　개인은 사회에서 더불어 살아가기 위해 교육을 받는다. 기초적으로 수학, 법률과 같은 정형화된 사고력을 키우는 훈련을 받으며, 이를 바탕으로 상상력을 더하여 추상적인 형태인 신념, 사랑, 꿈, 희망 등의 관념을 형성해간다.

　때문에 사고력의 기초인 '1+1=2'라는 것은 누구나 인정하며 누구든 똑같은 답을 내놓을 수 있지만 사랑이라거나 믿음, 가치, 신념 등은 일괄적으로 표현할 수 없다. 하지만 일괄적으로 표현할 수 없다 하더라도 사람마다 의미가 크게 다르지는 않다. 왜냐하면 이러한 추상적인 관념의 정의는 기본적으로 사회에서 만들어진 사고력

을 기초로 상상력으로 형성되기 때문이다.

그렇다면 '돈'을 대하는 우리의 관념적 태도는 어떨까? 이를 알아보기 위해 다음과 같은 질문을 해보자.

나는 "돈은 별것 아니다. 전혀 중요하지 않다"라는 식의 철없는 말을 하고 싶은 것이 아니다. 나는 열일곱 살에 아버지를 여의고 그때부터 장남으로서 홀로 되신 어머니와 동생을 부양해온 가장이다. 나는 누구보다 돈의 소중함을 알고 있으며 돈이 없을 때의 비참함과 막막함을 알고 있다.

하지만 나의 경우에 비추어 생각해보면 돈 자체가 무서운 것이 아니었다. 나는 단지 '만약에 돈이 떨어지면 어떡하나' 하는 아직 일어나지 않은 미래에 대한 두려움, 실제로 당해본 것보다 더한 관념적인 두려움 때문에 돈에 집착하고 있다는 사실을 알게 되었다. 너무나 지나치게 돈에 집착하고 있었고 돈이 실제 어떤 짓을 하는지,

그러니까 돈이 없으면 어떤 생활에 처하게 되는지에 대해서 너무나 두려워했다. 그런데 그것은 관념에서 기인한다는 것을 깨달았다.

우리는 '돈'에 대해 어떤 사고력을 바탕으로 상상력을 이끌어내고 있는가? 이해를 쉽게 하기 위해서 간단한 예를 들어보자.

초등학생은 사칙연산의 사고력에 기초하여 돈으로는 과자를 사 먹을 수 있다고 생각한다. '돈이 없으면'이라는 가정하에서는 과자를 사 먹지 못하는 문제가 생긴다고 상상한다. 그런데 연령대가 바뀌면 상상력의 내용은 달라진다. 20대의 젊은 청년은 돈이 있어야만 능력이 있어 보이고 여자친구를 사귈 수 있다고 생각한다. 40대의 가장은 돈을 벌지 못하면 가족이 굶어 죽는다고 생각한다. 60대의 퇴직자는 돈이 없으면 외로울 것이라 생각한다.

예에서 보았듯이 모두가 나이에 따라 돈에 대한 다른 두려움을 느낀다. 그리고 두려워하는 것은 '돈'이 아니라 '돈이 없는 미래'다. 그 때문에 돈의 위력이 대단한 것이다. 아직 드러나지 않은 미래에 어떤 일이 일어날지를 상상하는 것은 실제 있을 수 있는 상황보다 훨씬 과장되기 마련이다.

03.. 사회적 약속, 돈

돈에 대한 두려움과 공포는 실제적인 것이 아니라 관념적이다. 그렇다면 돈과 비교해서 쉽게 이해할 수 있는 '금'에 대한 우리의 관념을 생각해보자. 금은 돈만큼 가치가 있고 귀하다고 여겨진다. 인류에게 유용한 철광석이나 구리, 아연 등의 다른 광물보다 금이 더 귀하고 가치 있게 여겨지는 이유는 무엇인가? 금이 다른 광물에 비해서 희소하기 때문이다. 더 쉽게 말하면 금은 채취하기가 정말 힘들기 때문이다. 다른 광물들은 덩어리로 존재하고 비교적 양이 많은데 금이란 광물은 채취하기가 무척 힘들다.

금은 우리에게 광채가 나는 황색의 광물이지만 원래 금은 그냥 돌덩어리다. 그것도 돌덩어리에 아주 조금씩 붙어 있어서 돌을 갈아서 물로 씻어내 채취한다. 그래서 짧은 시간에 대량으로 채취할

수 없다. 물론 금이 다른 광물에 비해 녹이 슬지 않는다는 점도 있기는 하다. 그렇지만 금이 철광석처럼 대량으로 생산할 수 있는 광물이라면 단지 녹슬지 않는다고 해서 지금처럼 귀하게 여기겠는가? 결론적으로 금의 가치가 상징하는 바는 인간의 노동력이 그만큼 투입된다는 의미다. '금은 다른 광물보다 채취하기가 훨씬 힘들다'로부터 '그래서 다른 광물보다 훨씬 귀하다'라는 인식이 생긴 것이다.

돈에 대한 관념을 설명하기 위해 다른 예를 들어보자. 고대 이집트의 피라미드와 스핑크스를 알고 있을 것이다. 세계의 불가사의에 포함되는 피라미드는 파라오의 무덤으로 알려져 있으며 정사면체의 모습을 하고 있다. 실제로 보지는 못했지만 사진으로만 봐도 웅장함이 느껴진다. 하지만 어릴 때는 피라미드를 문명의 산물이라고 생각하기보단 파라오 한 명의 사치와 낭비벽 때문에 백성들이 착취당한다고 생각했다. "피라미드 같은 큰 무덤을 만드는 데 들어간 노동력을 다른 곳에 썼더라면 얼마나 더 풍요로워졌을까?" 하지만 나의 편협한 생각과는 달리 역사적으로 봤을 때 이집트는 피라미드가 건조되면서부터 신화적인 부를 이룬다.

피라미드와 부는 어떤 관계가 있을까? 먼저 피라미드를 건설하기 위해서는 가장 힘이 넘치는 중장년층의 노동력이 필요하다. 국가에서는 힘 있는 젊은이들을 모집했을 것이다. 그들은 큰 바위를

자르고 자른 바위를 현장까지 운반했을 것이다. 기계가 발달하지 않았던 과거에는 이 모든 일들을 인간의 힘으로 해야 했기 때문에 상상도 못할 정도의 인력이 동원되어 상상도 못할 정도의 고생을 했을 것이다.

피라미드 정도의 거대한 건축물에서 가장 중요한 일은 인력을 관리하는 것이다. 나는 어릴 때 노예처럼 끌려온 사람들이 채찍질에 시달리며 바위를 자르고 운반하고 쌓아올렸을 거라고 상상했지만 그런 식으로 다루다간 얼마 안 가서 반란이 일어나거나 모두 죽고 말 것이다. 피라미드는 보통 20년이 넘는 장기로 지어진 건축물이다.

노예처럼 다뤄선 피라미드를 완성시킬 수 없기 때문에 파라오는 관료와 노동자들에게 채찍질을 하는 것이 아니라 자발적으로 열심히 일을 할 만한 유인책을 만들어야 했다. 그래서 열심히 일하는 사람에게는 특별히 '무언가'를 주겠다, 남보다 더 열심히 하면 '무언가'를 더 주겠다는 유인책을 만들었을 것이다(여기서 '무언가'는 왕의 이름과 얼굴이 찍힌 문양일 수도 있고, 어떤 특별한 징표일 수도 있다).

시간이 지나갈수록 노동자들이 노동력을 제공한 대가로 받은 '무언가'는 점점 노동력과 등가로 관념화되기 시작한다. 언제부턴가 '무언가'가 어떤 의미인지, 본질이 무엇인지 다들 모르지만 힘들게 일하고 남보다 더 노력하고 땀 흘려야 받을 수 있는 귀하고 소중

한 것으로 인식된다.

시간이 지나면서 작업이 고되고 피라미드를 건조하다 죽는 인력이 많아질수록 '무언가'의 가치는 점점 상징화된다. 그리고 '무언가'의 소문은 온 나라에 퍼져나간다. "파라오가 피라미드 건조를 위해 열심히 일하는 사람에게만 '무언가'를 하사한다." "그 '무언가'는 귀하고 귀하다. 그것이 많을수록 왕이 지켜준다."

'무언가'의 가치는 점점 높아진다. 시간이 갈수록 피라미드 주위로 사람들이 모여든다. 많은 상인이 몰리고 상점이 열리고 여자들이 모인다. 수많은 사람들이 '무언가'를 갖기 위해서 모여들기 시작한다. '무언가'는 귀하기 때문이다. 왜 귀하냐면 다들 귀하다고 말하고 믿고 있기 때문이다.

'무언가'를 더 많이 받기 위해서 관료와 노동자들은 더 열심히 일하기 시작한다. 그리고 상인들은 '무언가'를 더 받기 위해서 더 좋은 물건을 가져온다. 요리사들도 '무언가'를 더 받기 위해 더 맛있는 요리를 한다. 여자들은 '무언가'가 많은 사람이 능력 있는 사람이라고 인식한다. 모든 사람들은 '무언가'를 위해 더 열심히 일하고 활동하기 시작한다. 생산성이 향상되기 시작한다. 결국 '무언가'를 갖고 싶다는 욕망이 생산성을 향상시키는 것이다.

또한 '무언가'를 갖기 위해 공급이 증가하기 시작한다. '무언가'를 가진 사람들은 소비를 하기 시작한다. 그리고 이집트 문명은 발달하고 신화적인 부가 창출된다.

이미 짐작하고 있을 것이다. 위의 '무언가'를 현대적 의미로 풀이하자면 '돈'이다. 피라미드의 '무언가'와 비교하여 돈을 생각해보자. 우리는 어쩌면 돈이 왜 가치 있는지도 모르는 채 너무나 당연스레 가치 있다고 믿는 것은 아닐까?

다시 피라미드로 돌아가자. '무언가'를 찍어낼 수 있는 절대권력은 파라오에게 있다. 파라오는 '무언가'를 마구잡이로 찍어낼 수 있는 힘이 있기 때문에 신과 같은 권력을 갖는다. 모두에게 부러움의 대상이 되어 만족스럽기만 할 것 같지만 파라오에게도 고뇌가 있다. '무언가'가 가치 있고 귀해지려면 공급과 수요를 적당하게 유지시켜야 한다. '무언가'를 남발하면 너무 흔하기 때문에 상대적으로 가치가 없다고 느낀다. 그러면 더는 '무언가'를 위해 일하려들지 않을 것이다. 하지만 너무 적어도 문제다. 너무 귀해지면 '에잇, 어차피 열심히 해도 못 받을걸' 하는 자포자기에 빠져 일을 안 하려고 하기 때문이다. 모두에게 적당히 혜택이 돌아가면서 '무언가'의 가치를 유지시키는 것이 얼마나 힘들지 상상이 가는가?

'무언가'를 통해 생산성이 향상되고 풍요로워지는 사회가 구축될수록 파라오는 더 정확한 판단을 내리기 위해 고심해야 한다. 자칫 잘못된 판단으로 '무언가'의 가치가 혼란스러워지면 백성들의 삶은 엉망진창이 될 것이고 원성이 높아질 것이다. 왜냐하면 다들 '무언가'를 위해 일하면서 살아가기 때문이다.

게다가 더 큰 문제가 남아 있다. 피라미드 건조가 끝나면 어떻게 될 것인가? '무언가'의 가치에 대한 관념과 상징성은 노동력의 가치와 등가될 때 정당성을 가진다. '무언가'가 귀한 이유는 피라미드를 건조하면서 죽을 만큼 고통스러운 노동력이 상징과 관념으로 더해지기 때문이다.

피라미드 건조가 끝나면 '무언가'의 가치는 어디서 나올 것인가? 이미 이집트 왕국에 교환가치로 널리 퍼져 있고 다들 귀하다고 여기면서 살아온 그 '무언가'를 사람들이 갑자기 이성적으로 바라보기 시작한다면 무슨 일이 일어나겠는가?

사람들은 이런 말들을 할 것이다. "어? 이게 뭐지?" "나는 왜 기껏 농사를 지어서 이것으로 바꿔온 거지?" "먹을 수도 없고 입을 수도 없고 아무짝에도 쓸모없는 이것이 도대체 왜 이렇게 귀한 거지?"

파라오는 다시 고뇌하기 시작한다. '무언가'를 얻기 위해서는 노동의 대가를 치러야 한다는 관념과 상징성을 다시 대중에게 유포시켜야 한다. "피라미드 하나 더 만들까? 손자 것도 하나 만들어줄까?" "피라미드는 더이상 필요 없는데 전쟁이나 일으킬까? 전쟁에 지원한 사람한테 '무언가'를 줄까?"

파라오의 이러한 고민을 현대 경제학과 연관시켜보자. 케인스는 《일반이론》에서 다음과 같은 취지의 말을 했다. 만약 재무성이 몇 개의 병에 돈을 채워서 폐광에 적당한 깊이로 묻고 시장주의 원리

를 적용하여, 이것을 개인이나 기업에게 다시 파내게 한다면 더이상 실업이 존재하지 않을 것이다. 그 반작용으로 사회의 실질소득, 나아가서는 그 자본적 부 또한 현재보다 훨씬 커질 것이다. 물론 가옥이나 이와 비슷한 것을 만드는 것이 더욱 현명한 일이기는 하다. 그러나 아무것도 하지 않는 것보다는 차라리 돈을 땅에 묻은 뒤 개인이나 기업에게 일을 시키는 것이 더 낫다.

케인스의 폐광 이야기와 피라미드 이야기를 비교해보자. 파라오의 권위로 정당성을 인정받은 '무언가'는 피라미드가 한창 공사 중일 때는 노동의 대가로 인식되고 그 상징성과 가치는 의심의 여지없이 모두에게 인정받는다. 하지만 공사가 끝나버리면 '무언가'의 가치는 상징성을 의심받고 정당성을 잃게 된다. 때문에 정당성을 인정받기 위해서 또 다른 대규모 공사나 전쟁이 필요하다.

마찬가지로 케인스 역시 돈을 폐광에 묻은 다음 사람들에게 다시 파내게 하는 것이 아무것도 하지 않는 것보다 나은 실업대책이라고 이야기했다. 돈의 가치가 점점 하락하는 불경기 때는 일부러 묻어놓은 돈을 다시 파내면서 "땅 파는 건 역시 힘들어. 어렵고 힘들게 일을 하고 얻어야 하니까 돈은 역시 귀한 거야"라고 느끼도록 함으로써 돈의 상징성과 가치를 유지하자는 것이다.

두 이야기 모두 앞에서 언급한 금의 예에서처럼 어떤 것의 가치가 인정받기 위해서는 노동력과 관념적으로 등가되어야 한다는 점을 알려준다. 여기서 어떤 것이란 '금, 무언가, 돈'을 모두 지칭한다.

피라미드 건조 당시 '무언가'의 가치와 현대의 '돈'의 가치를 비교해보자. 피라미드가 완공됨과 동시에 '무언가'의 가치와 상징성은 점점 힘을 잃어간다. 사람들이 손에 쥐고 있는 '무언가'는 결국 음식도 아니고 물질도 아니고 미래도 아니고 뭣도 아니기 때문이다. 사람들은 이렇게 말할 것이다. "이게 무언가?"

현대의 돈도 마찬가지다. 피라미드가 완공되어버린 것처럼 인류가 새로운 투자처를 찾지 못하면 돈의 가치는 급격하게 힘을 잃어간다.

결론적으로 내가 하고 싶은 말은 '돈'은 '무언가'의 존재와 같다는 것이다. 하지만 이러한 관념적이고, 어떻게 보면 당황스러운 '무언가'에 의해서 우리의 생산성은 향상된다. 만약 '무언가'의 가치를 잃어버리게 되면 사람들은 무엇을 꿈꾸며 열정을 발휘하겠는가? 무엇으로 자신의 능력을 보여줄 것이며, 불완전한 미래에 대한 두려움을 극복할 것인가?

돈의 가치는 우리가 만들어낸다. 우리가 돈을 벌기 위해서 흘리는 땀과 피와 눈물 속에서 돈의 가치는 상징화와 관념화라는 과정을 거친다. 그리고 모두가 가치 있다고 믿는 순간 돈은 만들어진다.

04.. 약속이 바뀌면
돈도 바뀐다

고대 이집트의 파라오가 찍어내는 '무언가'를 가치 있게 만드는 강력한 상징성은 피라미드를 건설하는 노동자의 노동력이었다. 지금의 돈은 무엇으로 상징성을 만들어내는가?

근대의 화폐 제도였던 금본위제를 생각해보자. 금본위제는 말 그대로 금을 기초로 해서 화폐를 발행하는 것을 의미한다. 금본위제에서 종이돈은 겨우 금 몇 그램과 교환할 수 있는 하나의 권리증서밖에 되지 않는다. 금본위제가 강력한 힘을 발휘할 수 있었던 이유는 금의 독보적인 권위 때문이었다. 그때는 세상 사람 모두가 금을 고귀하게 생각하고 부의 상징으로 바라보았다. 때문에 금으로 보증하는 화폐의 가치는 흔들림 없이 굳건했다.

하지만 금본위제는 폐지된다. 금본위제 폐지에는 많은 이유가 있

지만 내가 생각하는 큰 이유는 금이 돌덩어리이기 때문이다. 금본위제는 금을 기초로 돈을 찍어내기 때문에 '1+1=2'라는 기준에도 적합하고, 하나의 도량형으로서 화폐를 발행하는 것이 용이하지만 근본적 문제는 금 자체에 있다. 금은 왜 귀한가? 금을 가지고 있으면 진리를 가르쳐주는가? 불로장생을 가져다주는가? 행복한 삶이 보장되는가? 이런 질문을 계속 하다 보면 마지막엔 '그냥 돌덩이다'라는 결론을 얻게 된다.

세계에서 금이나 다이아몬드 같은 광물이 가장 많이 채굴되는 곳은 아프리카 지역이다. 그런데 아프리카가 우리나라보다 부유한가? 금이 그렇게 고귀하다면 어째서 금을 가장 많이 채굴하는 나라가 금을 덜 채굴하는 나라보다 가난할 수 있는가?

금은 그저 돌덩어리에 불과하다. 앞에서 애기한 '무언가'처럼 '금' 자체가 아니라 이것에 어떠한 관념과 상징성을 부여하여 인간의 활동에 동력을 만들어줌으로써 생산성을 향상시켜 부가 이룩된다. 때문에 금본위제는 한계를 맞이할 운명이었다. 시대와 상황에 따라 사람들의 가치는 달라지기 때문이다.

그러면 금본위제가 폐지된 후, 돈의 관념화와 상징성은 어디서 나오는가? 현재 종이돈의 가치는 우리의 합의인 헌법에서 나온다.

과거 100년 동안 인류가 이룩해온 문명은 놀랄 만하다. 민주주의와 자본주의가 세계로 전파되면서 생활수준이 향상되고 교육수준

도 높아졌다. 또한 남녀노소, 계급과 계층을 초월하여 대부분의 국가에는 모든 시민에게 투표권이 있다.

금본위제가 폐지된 현재는 모두가 투표권을 가지고 있는 상황에서 누구나 인정하고 수긍할 수밖에 없는 법의 권위로써 돈의 가치를 정하고 관념화, 상징화시킨다. 그것이 어떤 대상이냐는 중요한 것이 아니다. 단지 그 대상을 우리가 어떻게 바라보느냐가 더욱 중요하다.

세종대왕이 그려져 있는 종이화폐는 국가의 채권을 담보로 찍어낸다. 옛날에 금을 담보로 찍어내던 종이돈을 지금은 국가의 신용을 담보로 법적 절차에 따라 찍어낸다. 때문에 지금의 종이돈은 금으로 그 가치가 보증되는 것이 아니라 국가와 법이 보증한다.

그런데 우리나라가 법으로 합의한 돈, 원화의 가치를 다른 나라 사람들도 인정해줄까? 금이란 상징성은 세계 어디를 가나 공통적이지만 각 국가가 채권으로 찍어내는 종이돈의 상징성도 공통적일 수 있을까? 금이란 상징성이 사라진 세계는 무엇을 통해 무역을 할까?

과거의 '금'을 대신하는 종이돈은 미국의 '달러'다. 미국 국채를 담보로 발행하는 달러는 현재 그 어떤 나라의 화폐보다 안전하다는 상징성을 가지고 있다. 그래서 현재 국제무역의 결제나 국제금융 결제에서 미국 달러가 기본 통화로 사용되고 있다. 이를 기축통화라고 한다.

물론 이러한 기축통화의 지위를 가진 미국의 위치는 하루아침에 만들어진 것이 아니다. 세계가 모두 인정을 해야 하고, 미국 달러는 어떤 화폐보다 안전하다는 관념과 상징성이 형성되어야 가능하다. 미국의 달러 이전에는 영국의 파운드화가 세계의 기축통화였다. 하지만 세계대전을 겪으면서 미국에게 기축통화의 지위를 빼앗겼다. 지금도 중국과 EU연맹, 영국 등 여러 강대국이 기축통화의 위치를 넘보며 서로 눈에 보이지 않는 전쟁을 벌이고 있다.

미국은 기축통화의 지위를 유지하기 위해서 IMF(국제통화기금), WTO(세계무역기구), IBRD(국제부흥개발은행) 그리고 OPEC(석유수출기구)와 같은 국제기구를 만들고 세계에 미군을 배치할 뿐 아니라 석유를 달러로만 결제할 수 있게 힘을 행사하는 등 온갖 수단을 동원하고 있다.

돈은 우리의 관념적 상징성의 실체다. 돈이 돈일 수 있는 이유, 이것으로 물건을 교환하고 투자를 하고 저축을 할 수 있는 것도 결국 다 우리가 정하기 때문이다. 돈은 이렇게 우리의 합의를 통해 만들어진다.

시대와 상황에 따라 돈 자체도 변화할 수 있다. 현재도 돈의 가치는 계속해서 변화해가고 있다. 돈 자체가 이렇게 변화하고 아예 다른 것으로 달라지기도 하는데 돈으로 움직이는 주식시장이 변화하고 요동치는 것이 이상한 일인가?

05.. 주식시장은 변동 그 자체가 본질이다

투자를 하는 이유는 돈을 벌기 위해서다. 주식, 채권, 부동산, 원자재, 펀드, 적금 등 모든 투자행위의 목적은 돈을 벌기 위해서다. 그런데 우리는 돈을 제대로 알고 있을까? 돈을 모르고서는 돈으로 움직이는 이러한 각각의 투자 대상과 싸워서 이길 수 없다.

나는 성숙기 시절에 와서야 드디어 돈 자체에 대한 관심을 갖기 시작했고 눈을 뜨기 시작했다. 초기, 중기 시절에는 돈의 본질에는 관심이 없었다. 그저 욕망에 이끌려 이리저리 쫓아다니기만 하는 돈의 노예였다.

본질을 보지 못하고 껍데기만 보면서 단지 돈을 더 많이 가지려고 투자한 결과는 처참했다. 이후 수많은 투자 경험을 토대로 나는 정말 중요한 것은 돈의 본질이라는 점을 깨달았다. 돈의 본질을 모

르면서 투자를 하면 평생 돈의 노예에서 벗어날 수 없다고 생각하고 이를 극복하기 위해 노력했다. 숱한 경제학자의 경제서적을 탐독하면서 그들의 이론과 사상을 배웠다. 그 과정에서 그동안 내 영혼의 주인으로서 나를 노예처럼 부리던 돈을 드디어 극복했다. 돈은 인류 사상 최고의 지적 산물이라는 시각을 갖게 되었다.

파라오의 '무언가'를 현대의 경제와 비교해보자. 파라오가 노동자들에게 노동력을 제공한 대가로 주는 '무언가'는 시간이 지날수록 노동력과 등가로 인식되었다. 점점 상징화, 관념화되면서 대중들에게도 현대적 의미의 '돈'으로 인식되기 시작한다. 상인들은 '무언가'를 가지기 위해 피라미드 주위로 몰려든다.

이때 몇몇 상인이 개인 장사꾼의 형태를 뛰어넘어 많은 사람들에게 '무언가'를 투자받는다. 그리고 파라오에게 상업이라는 행위를 할 수 있도록 법적으로 승인받는다. 그들이 법인을 만들어서 본격적으로 대규모 상업 행위를 하게 된다면 이것은 현대적 의미에서 기업 또는 회사가 된다. 이러한 형태의 기업이나 회사는 더 큰 자금을 유치하기 위해 주식회사를 만들고, 유통시장인 주식시장에서 자금을 조달한다. 자금을 조달받는 대신 주는 증서가 유가증권, 즉 주식이 되는 것이다.

기업은 이익과 수익을 위해 존재한다. 더 쉬운 말로 표현하면 기업은 돈을 벌기 위해 존재한다. 기업의 존재 목적은 '돈'이다. 그런

데 피라미드 이야기에서 알 수 있듯이 '돈'과 '기업' 중에서 먼저 생겨난 것은 '돈'이다. 기업이 있기 때문에 돈이 있는 것이 아니라 돈이 있기 때문에 기업이 있을 수 있는 것이다.

보상과 교환, 저축을 가능케 하는 대상, 즉 돈에 대한 공통된 관념과 상징성이 없다면 인간의 활동은 급속히 침체될 것이며 기업 또한 존재할 수가 없게 된다. 투자를 할 때 돈의 가치를 파악하지 못하고 무작정 나선다면 그것은 본질을 보지 못하고 껍데기만 보는 것이다.

그러면 파라오가 이집트에서 유통되는 '무언가'의 상징성을 강화하기 위해 하는 일들을 현대 경제정책과 비교해보자. 다음의 예를 통해 투자를 할 때 거시경제가 얼마나 위력적인지, 그 중요성을 느끼기 바란다.

파라오는 '무언가'를 만든 초기에는 무척 기분이 좋았을 것이다. '무언가'를 가지기 위해 관리와 노동자들은 자발적으로 일을 하고 피라미드 건조 속도는 점점 빨라진다. 피라미드 주위에는 '무언가'를 가지기 위해 수많은 사람들이 몰려와 서비스와 재화를 공급한다. 피라미드 건조는 일사천리로 진행되고 생산력의 증가로 문명은 찬란한 부를 맞이하게 된다. 하지만 이런 상황도 조만간 끝나고 만다.

피라미드가 완성되면서 사람들은 그동안 '무언가'를 갖기 위해 노력하고 고난을 겪었던 데에 의심을 품기 시작한다. 이성을 되찾

은 사람들은 '무언가'의 본질에 대해서 생각하기 시작한다. 그와 동시에 '무언가'의 가치는 추락하기 시작한다. 사람들은 다들 허탈해지고 분노한다. "파라오가 우릴 속였다!"

파라오는 위기에 몰린다. 사람들은 더이상 왕의 권위를 인정하지 않는다. '무언가'의 가치가 바닥으로 떨어지는 순간 파라오의 권위 또한 추락한다. 난관을 극복하기 위해 파라오는 고민한다. 처음에는 단지 피라미드 건조를 효율적으로 하기 위해서 만든 '무언가'였지만 그것에 의해서 왕권이 좌우된다는 사실을 깨닫게 된다.

언제부턴가 백성들에게 '무언가'는 '왕권'의 상징성을 뛰어넘는다. 왕은 이집트에서 한 명일 뿐이다. 그래서 백성들 모두가 왕을 실제적으로 느낄 수 없다. 반면 '무언가'는 세상 어디에나 퍼져 있고 손으로 만질 수 있으며 열심히 일을 하면 할수록 더 많이 가질 수 있다. 사람들은 더이상 왕을 의지하지 않는다. 사람들이 의지하는 것은 '무언가'이다. 때문에 '무언가'의 가치를 떨어뜨리는 왕은 더이상 백성들의 왕이 되지 못한다. '무언가'의 가치를 유지시키지 못하면 새로운 왕이 나타나야 할 판이다.

왕권에 위협을 느낀 파라오는 당황한다. 긴급 대책회의를 열어 '무언가'의 가치를 회복시킬 수 있는 여러 방안들을 마련하기 시작한다. 어떤 사람은 피라미드를 하나 더 만들자고 주장하고 어떤 사람은 대규모 전쟁을 일으키자고 주장한다. 어떤 사람은 '무언가'만

의 상징적 가치를 위해 이자를 지급하자고 한다. 그리고 어떤 사람은 '무언가'를 통해 세금을 걷자는 제안을 한다. '무언가'의 가치를 올리기 위한 수많은 정책과 방법이 제안되고 만들어진다. 이를 현대의 재정정책, 통화량정책과 비교할 수 있을 것이다.

'무언가'의 가치는 관념화되고 상징화되어 모두가 인정하는 것이 되어야만 한다. 그래야 이를 교환수단으로 하여 이루어지는 상업이 더욱 활발해지고 더 나아가 기업의 활동이 보장된다. 돈은 본질적으로는 '무언가'일 뿐이다.

지금부터 현대적 의미의 '무언가'를 생각해보자. 현대의 '무언가'는 훨씬 복잡하며 그 가치를 고정하고 구체화시키기가 어렵다. 가장 큰 이유는 '무언가'가 너무 많기 때문이다.

우리나라의 '무언가'는 원화이며 미국은 달러이고 일본은 엔화, 중국은 위안화, 영국은 파운드화 등 '무언가'의 종류는 수백, 수천 개가 넘는다. 그래서 우리에게는 수많은 '무언가' 중에서 어떤 '무언가'를 더 가치 있게 보아야 하느냐라는 과제가 생긴다. 어떤 '무언가'가 앞으로 더 가치가 있을지, 어떤 '무언가'가 점점 가치가 하락할지에 대해서도 판단해야 한다.

현대적으로는 국가가 만들어내는 '무언가'의 가치를 계산하기 위해서 환율이 생긴다. 세계의 환율이 끊임없이 변동하는 것은 '무언가'의 가치가 그만큼 엄청나게 변동한다는 것을 나타낸다.

현대의 '무언가'는 고정될 수 없다. 시대와 상황에 따라서 그 가

치와 의미는 달라진다. 지금은 기축통화의 지위를 가진 달러를 기준으로 나라별 '무언가'의 가치를 비교하지만 달러가 언제까지 이러한 지위를 유지할 수 있을지는 아무도 장담하지 못한다.

지금까지 돈의 관념적 상징성과 '무언가'의 예를 통해서 내가 말하고자 하는 것은 주식투자에서 단지 기업만을 분석하는 것은 숲 속에 있는 나무만 보는 것에 불과하다는 것이다. 나무의 미래를 파악하기 위해서는 나무만 봐서는 안 된다. 나무들이 모이고 모인 숲의 환경을 살펴보고 계절과 환경의 영향까지 고려해야 한다. 앞에서 봤듯이 기업이 존재하기 때문에 돈이 존재하는 것이 아니라 돈이 먼저 존재하고, 돈을 통해 인간의 생산성과 활동성이 증가되며 교환의 욕구가 강렬해지면 그곳에서 기업과 회사가 태어난다. 그리고 투자자를 더욱 효율적으로 모집하기 위해서 주식회사라는 제도가 생겨난다. 주식시장에서 유통되는 주식을 투자자가 매수함으로써 회사는 운영자금을 조달받는다.

기업은 돈을 벌기 위해서 존재한다. 때문에 기업에게 돈의 가치가 갖는 영향력은 절대적이다. 하지만 기업에게 이렇게 절대적인 돈도 본질적으로 따지고 보면 단지 '무언가'에 지나지 않는다.

'무언가'의 가치는 끊임없이 변동한다. 돈의 영향력이 절대적인 기업의 가치도 끊임없이 변동한다. 기업의 가치는 돈의 영향 외에도 기업 간 경쟁이나 산업 흐름의 영향 등에 의해서도 변동한다. 그

리고 주식의 가격은 그 외에 또 다른 영향이 더해진다. 매수와 매도라는 행위에 의해 매일 새롭게 평가를 받는 주식시장에서는 주식이라는 대상물을 바라보는 투자자의 심리와 기대라는 변수가 작용한다. 이를 요약하면 다음과 같다.

이것이 투자의 세계다. 투자에 있어서 모든 것은 인간이 중심이 되고, 어떤 것도 고정될 수 없다. 시대와 상황에 따라서 계속해서 새롭게 변해간다.

투자를 위해서는 전체 흐름을 느끼며 부분을 분석하고, 다시 전체로 합칠 수 있는 통찰력이 필요하다. 계절과 환경은 '무언가'라는 돈의 가치가 거시적으로 어떻게 변동하는가를 느끼는 것이다. 그리고 숲은 시대마다 발전하고 쇠퇴하는 산업의 흐름을 나타내고, 나무는 산업에 속해 있는 기업을 나타낸다. 투자자는 수많은 나무 중에서 가장 건강하고 앞으로 잘 자랄 수 있는 나무를 선택해야 한다.

자연의 섭리에 따라 계절이 변화하듯이 주식투자의 환경도 끊임없이 변화한다. 봄부터 여름을 거쳐 가을, 겨울에 이르기까지 계절마다 숲의 상태는 달라진다. 때로는 산불이 나기도 하고 전혀 뜻밖

에 지진이 날 수도 있으며 병충해가 올 수도 있다. 장마가 지는가 하면 가뭄이 들기도 한다. 하지만 이러한 시련을 겪으면서 숲의 생명력은 더 강해지고 질겨진다. 고난이 숲을 더 울창하고 푸르게 만들어주는 것이다.

숲속의 나무만이 아니라 인류도 시련과 고난을 통해 발전한다. 돈은 목적이 아니라 인류의 수단일 뿐이다. 우리 모두는 눈에 보이는 '무언가'를 통해 더욱 열심히 일하며 허다한 시련을 이겨내고 끊임없이 도전하고 열정을 쏟아 붓는다. 그리고 우리의 문명을 찬란하게 발전시킨다.

나는 초기 시절 차트 이면의 군중심리를 보는 기술적 분석을 체험했고 중기 시절 투자 대상인 기업의 가치를 측정하는 기본적 분석을 공부했으며 성숙기 시절에는 '무언가'를 만들어내고 '돈'의 가치를 조절하는 거시경제를 공부했다. 공부를 할수록 투자의 세계에서는 어떤 것도 고정될 수 없다는 사실을 깨달았다.

이곳은 진짜 전쟁터다. 일반 투자자들은 주식시장에 발을 들여놓는 그 순간부터 모든 자아를 상실하고 혼란스러움에 빠져 돈의 노예가 되어버린다. 아무리 독한 마음을 먹고 들어와도 무너지기 마련이라는 사실을 직접 경험해봐서 잘 알고 있다. 하지만 지금의 나는 이런 전쟁터 속에서 오히려 편안함을 느낀다. 끊임없이 변화하고 혼란스러운 이곳은, 결국 이것이 본모습이라는 사실을 이제는

알고 있기 때문이다.

　과거엔 끊임없이 변동하는 숫자를 보며 규칙을 찾으려 하고 예측하려 하면서 숫자를 이기려고 발버둥 쳤지만 이제는 변동 그 자체가 주식시장의 본질임을 알고 변동에 몸을 맡겨버린다. 끊임없이 노를 저으며 바람에 맞서 배를 움직이려 했던 나는 이제는 바람에 몸을 맡겨버린다. 주식시장은 변동하고 변화하고 움직인다. 그럼으로써 존재하는 것이다.

돈을 쫓지 말고
올 만한 길목에서 기다려라

나는 지금까지 돈의 상징성을 이해할 수 있도록 여러 측면에서 이야기했다. 실제로 주식시장에서 투자를 하다 보면 개별종목의 주가 움직임은 각 기업의 변동보다 경기 전체의 영향을 크게 받기 때문이다. 환율과 금리 등 각종 금융정책의 기조를 포함하여 거시경제는 개별종목에 지대한 영향을 미친다. 그리고 이러한 거시경제의 본질은 '돈' 자체의 가치와 연결되어 있다.

그렇다면 돈의 가치는 어디서 나오는가. 앞에서 열심히 살펴봤듯이 가장 원천적인 것은 우리의 믿음이다. 지금의 화폐는 '금'으로 보장하는 것이 아니고 정부의 약속인 채권을 통해 이루어지기 때문이다. 그 약속이란 바로 신용, 즉 믿음이다.

금융시장은 역동 그 자체이다. 금융시장은 눈에 보이지 않는다.

부동산이나 원자재처럼 직접 보거나 만질 수 있는 실체가 있는 것이 아니다. 금융시장은 화폐를 통해 이루어지는 현금과 신용 놀이다. 주식투자를 할 때 우리는 직접 주식 증서를 사지 않는다. 대부분은 증권회사나 HTS의 프로그램 등 전산화 장치를 통해서 주식을 사고판다. 결국 계좌에 찍혀 있는 돈을 상징하는 숫자에 의해 모든 것이 이루어진다.

주식 계좌에 찍혀 있는 숫자 10,000과 1,000,000,000을 비교할 때 그 가치의 차이는 상상을 초월한다. 하지만 그것 역시 숫자에 불과하다. 무엇으로 우리는 1,000,000,000과 10,000의 엄청난 차이를 느끼고 있는가? 예를 들어 1,000,000,000원어치와 10,000원어치 빵을 산다고 가정하면 이 숫자들은 눈으로 확인할 수 있는, 실로 어마어마한 차이를 보여줄 것이다. 하지만 단지 계좌에 찍힌 숫자의 차이란 '0'이 몇 개인가라는 차이밖에 없다. 만약 그 숫자의 가치를 보증하는 금융기관이 파산하거나 국가 자체에 심각한 위기가 도래해버린다면 어떨까? 상징성은 훼손될 것이고 그렇게 되면 그저 숫자에 지나지 않는 상황이 될 수도 있다.

금융시장은 그야말로 역동한다. 금융시장 자체가 고난도 유동화 시스템이기 때문이다. 그런데 더욱 무서운 것은 이러한 시스템이 완전한 것이 아니라는 점이다. 우리는 이러한 무서움을 실제 계속해서 경험하고 있다. 예를 들어 미국에서 시작된 서브프라임 사태가 있었고 그리스 발 금융위기를 겪었다. 최근에는 철옹성 같았던

미국의 국가 신용등급이 강등되면서 세계에 쓰나미를 몰고 온 일까지 발생했다. 그 외에도 이루 말할 수 없이 많은, 우리로선 도저히 예측조차 할 수 없는 위기들이 어느 날 갑자기 우리를 덮치곤 한다.

여기에 대비하려면 최소한 이러한 위기의 본질을 파악해야 한다. 수많은 금융위기와 혼란 속에서 진짜 위기가 무엇인지 살펴야 한다. 나는 앞에서 피라미드와 파라오 그리고 '무언가'에 대해 다소 장황하다 할 정도로 이야기했다. '무언가'가 현대적 의미의 돈이 되어가는 과정에서 그 '무언가'는 인간과 기업의 생산성과 활동성을 끌어올리는 강력한 유인책이 된다. 돈이라는 숫자 자체가 중요한 것이 아니라 이것을 이용한 생산성의 향상이 더욱 중요하다는 점을 강조하고 싶었다.

실제 예를 들어보자. 달러는 세계 신용화폐의 기축통화인데, 이를 찍어내는 미국에서 2007년 서브프라임 사태가 터지면서 그 피해는 세계 전체로 확산되었으며 피해 규모 또한 가공할 만한 수준으로 번져갔다. 세계 대부분의 금융시장은 급격하게 요동쳤고 각 나라의 증시는 대부분 반토막 사태에 직면했다. 서브프라임의 피상적인 원인은 차치하고 당시 세계 위기의 근본은 바로 '달러'라는 돈의 상징성이 흔들린다는 데 있었다.

달러를 예금하고 보증하는 미국의 투자은행과 대출업체들이 미국 부동산시장을 장밋빛으로 예측해서, 아직 상승하지도 않은 부동

산 가격까지 미리 현금으로 풀어버린 것이다. 다시 말해 부동산의 미래 가격을 현재에 할인해버린 것이다. 이러한 현상 때문에 유동성이 과도하게 상승하였고 급기야 한계에 이른 것이다. 투기적 유동성의 한계는 결국 달러 가치를 보증하는 미국의 투자은행과 기타 금융기관을 파산 직전의 상황까지 몰고 갔다. 미국의 달러 가치가 흔들리면 세계의 금융시스템이 붕괴되는 것과 마찬가지임을 적나라하게 보여준 셈이다.

하지만 이러한 위기는 미국으로서는 사실 위기가 아니었다. 미국 정부는 파라오에 필적할 만한 엄청난 권력을 가지고 있기 때문이다. 바로 달러를 마음껏 찍어낼 수 있는 힘 말이다. 실제로도 이 신용적인 위기는 본원통화를 무한정 찍어낼 수 있는 미국 정부의 힘으로 쉽게 극복된다. 미국 정부는 재정적자정책과 새로운 채권을 발행하는 방식으로 부실 금융회사와 투자회사의 지분을 사들이거나 지원함으로써 그들의 파산을 막았다. 정부가 직접 지분을 매입한다는 소식을 듣자 세계 각국은 안도의 숨을 쉬었다. 그리고 미국 정부는 이러한 사태의 책임을 지게 하기 위해서 본보기로 리먼브라더스와 베어스턴스 등의 투자회사를 파산시키거나 인수해버린다. 이런 식으로 사태는 일단락되어버리고, 어느 정도 시간이 흘러가면 상징성은 다시 굳건해지는 것이다.

또 다른 예를 들어 그리스 발 위기를 생각해보자. 여기서는 그리스라는 나라의 재정문제가 아니라 유로화의 상징적 문제가 생긴다.

비유하자면 어느 회사의 빵에서 벌레가 나왔다고 할 때 그 빵뿐만 아니라 식품회사 전체에 대한 불신이 생기는 식이다.

화폐는 하나의 상징적 도구다. 유로화는 유럽연맹이 미국의 달러에 대항해 만든 단일화폐다. 유럽 대부분의 나라가 유로화를 사용하는데 현재 기축통화인 달러의 강력한 라이벌이긴 하지만 맞장 뜰 수준은 못 된다. 유로화와 달러의 화폐전쟁에서, 통합된 연방정부가 있는 달러는 많은 정부로 구성되어 있는 유로화에 비해 상당한 우위를 가지고 있다. 유로화의 상징성을 약화시키려면 많은 유로화 가입국 중에서 그리스와 같이 경제구조가 취약한 나라를 집중적으로 공격하면 그만이다. 그리스의 재정에 문제가 생기면 그리스뿐만 아니라 유로화 자체의 불신으로 연결되는 건 너무나 뻔한 수순이다.

이러한 위기 외에 앞으로도 세계적인 금융위기는 계속해서 가중될 것이고 복잡해질 것이다. 금융산업의 발달에 따라 유동성이 더 활발해지기 때문이다. '무언가'의 역할을 하는 '돈'은 단지 상징적인 존재일 뿐이고 근본적인 원인과 이유가 무엇인지를 통찰해야 한다. 그래야만 수많은 금융위기 속에서 투자자는 자신감을 갖고 투자할 수 있다.

금융위기는 계속될 것이다. 각 나라는 치열한 경쟁을 하고 있으며, 그 경쟁에서 도태되지 않고 산업을 발달시키기 위해서는 끝없는 노력을 해야 하기 때문이다. 서브프라임의 유동성 위기는 그로 인한 생산성 향상에 비하면 사실상 가소로운 것이라고 판단된다.

주택의 투기적 수요로 말미암아 얼마나 많은 좋은 집들이 생겨나고 사회의 각종 인프라가 구축되었는가? 다들 돈 벌기에 혈안이 되어 활동성이 극에 달했을 것이다. 결국 버블이 터졌지만, 금융시장이 흔들린다고 해서 멀쩡한 건물이 흔들리는 것은 아니지 않는가? 유동성의 폭발은 사람들의 생산성을 극대화시키고, 그 정점에서 유동성이 훼손되면 미국 정부의 막강한 권력으로 천천히 회복시키면 되는 것이다.

결론적으로 돈이란 믿음에서 탄생한, 인류의 생산성과 활동성을 끌어 올리는 도구에 불과하다. 이러한 원리를 피라미드와 파라오 그리고 '무언가'를 통해 이해하자. 그리고 금융시스템의 핵심이 되는 각국의 '무언가'인 돈에 대한 상징성과 가치에 대해서 고민해보자.

그렇게 시각을 넓힘으로써 복잡한 금융시장의 본질에 눈을 뜨게 될 것이다. 각 나라의 GDP와 생산성, 소비지수, 환율, 금리, 무역정책, 재정정책, 통화정책, 원자재의 동향 등 복잡하고도 다양한 거시경제를 이해하기 위해서는 결국 근원을 생각해야 한다. 이러한 정책으로 말미암아 돈의 가치는 어떻게 되어가는지, 이러한 돈을 통해 사회 전체의 생산성과 활동성이 어떤 식으로 변화해가는지 큰 흐름을 느껴야 한다. 그렇게 한다면 격변하는 금융시장에서 단지 돈을 쫓는 데 급급한 사람이 아니라 돈이 올 만한 길목에서 기다리는 진정한 투자자가 될 것이다.

큰 흐름에
몸을 맡기는
완숙기 단계

주식시장에서 통찰력을 갖기 위해서는 돈의 흐름을 보는 것이 가장 중요하다. 부의 중심이 되는 기업의 생산성과 활동성을 살피고, 여기서 파급되는 산업적 효과와 투자적, 투기적 수요의 대해서도 동시에 파악해야 한다.

01.. 투자의 중심은 인간이다

나는 초기, 중기, 성숙기를 겪으며 죽을 고생을 하고 나서야 끊임없이 변동하는 것이 주식시장의 본질임을 인정했다. 데카르트의 '나는 생각한다. 그러므로 나는 존재한다'에 비유하여 '주식시장은 변동한다. 그러므로 주식시장은 존재한다'고 표현할 수 있겠다.

지금에 와서 임의로 나눈 시기지만 초기부터 중기까지 각 시기별로 수많은 실전 매매기법과 방법을 익혔다. 기술적 분석, 기본적 분석, 자산배분 기법, 포트폴리오 비법, 거시경제 기법 등 이름을 다 대기도 힘들 만큼 많은 방법과 기술을 배우면서 기준을 정해 나만의 투자기법을 만들어보려 했지만 모두 부질없는 일이었다. 누구나 납득할 수 있는 수학적 기초를 이용해 '1+1=2'와 같은 객관적인 기준을 만들려고도 했지만 소용이 없었다.

주식시장은 돈도 변화하고 기업도 변화하고 투자자도 변화한다. 이곳에서는 어떤 것도 고정되어 있지 않다. 시대와 상황에 따라서 투자 대상물을 어떻게 바라보느냐가 달라지고 모든 가치가 계속해서 변한다. 돈 자체도 '무언가'에 지나지 않으며 기업은 '무언가'의 틀 안에서 끊임없이 발전과 쇠퇴를 거듭하고, 투자자는 계속해서 투자 대상인 기업의 가치를 달리 보기 때문이다. 다시 말해 돈의 가치가 움직이고, 기업의 가치가 움직이고, 투자자의 관점이 움직이기 때문에 주식시장은 요동친다.

주식시장은 돈만 있으면 누구나 참여할 수 있는 곳이며 모든 투자자에게 매수와 매도 기회가 동등하게 주어진다. 학생, 주부, 교수, 공무원, 투자 전문가 등 모든 사람은 주식시장에서 서로에게 영향을 주지 않고 매매를 할 수 있다. 주식시장에는 성별, 나이, 학력, 성격 등이 모두 다른 수많은 투자자들이 참여한다. 때문에 투자의 기법과 종류는 무수히 많아지고 어떤 기법이 옳다고 말하기가 어렵다. 모두 자신에게 맞는 방식으로 자신에게 맞는 투자행위를 한다.

잃어도 크게 타격을 받지 않는 소액 투자자(예를 들어 1천만 원 미만)라면 위험이 크더라도 기대수익률이 높기를 바랄 것이다. 이들은 단기적인 시장의 심리와 움직임을 예측하는 매매기법을 선호할 것이다. 이들에게 굳이 회사의 재무제표나 거시경제를 분석해야한다고 강조하는 것도 억지스럽다.

또 3억 원을 채권, 부동산, 주식, 현금에 일정한 비율로 배분하여 투자를 하고 있는 투자자에게 거시경제의 사이클을 이용해서 투자하라고 권유하는 것도 억지스럽다. 이미 부동산과 채권 등의 자산에 분산투자했기 때문이다.

그리고 5천억 원을 투자하는 운용사라면 단기적인 투자자의 심리에는 큰 의미를 두지 않을 것이다. 이들은 자산배분에 심혈을 기울이면서 돈과 기업의 가치에 초점을 맞출 것이다.

나도 역시 투자금액 그리고 위험과 기대수익률에 따라서 투자의 방법과 기술을 달리한다. 자금이 적은 초기 때에는 단기매매의 매력에 흠뻑 빠졌었다. 기술적 매매와 외국인매매, 테마매매, 공시매매, 상한가매매 등 수많은 단기매매를 했었다. 그런데 시간이 흐르고 투자자금이 커질수록 위기를 느끼게 되었으며 투자 대상의 가치를 평가하는 기본적 분석을 연구했다. 기본적 분석을 통해 투자 대상의 양적, 질적, 심리적 분석을 했지만 자금이 더 커지자 위기감도 커지면서 거시경제와 돈 자체에 대한 공부를 하기 시작했다. 자금이 커지면 아무리 기업의 가치를 분석해도 거시경제의 폭풍 속에서 자신감을 급속히 상실하게 된다.

이와 같은 시절을 겪은 나는 투자자의 여건과 상황에 따라 투자방법 자체가 달라져야 한다는 것을 누구보다 잘 알고 있다.

주식시장은 이런 곳이다. 시대와 상황에 따라 돈도 변하고 기업

도 변하고 투자자의 심리도 변하기 때문에 엄청난 변동성을 갖고 있는 곳이다. 더구나 그것도 모자라 각각의 투자자는 상황이나 환경, 자금의 규모, 위험에 대한 태도, 기대수익률 등이 모두 다르다. 주식투자를 하려면 시장을 요동치게 만드는 한 요소인 사람들의 움직임을 생생히 느껴야 한다.

인간의 활동 사이클에 맞춰
모든 것이 돌고 돈다

자본주의 체제에서 돈은 경제의 혈액과 같아서 끊임없이 돌고 또 돌아야 한다. 끊임없이 돌고 도는 안정된 돈의 흐름 속에서 국가는 비교우위를 통해 무역을 하고 기업의 활동성은 높아지고 인류의 문명은 발전한다. 결과적으로 돈은 인류의 생산성을 끌어 올리는 강력한 유인책이 된다.

하지만 돈으로 이루어진 자본주의 체제는 완전하지 않다. 돈의 가치가 고정되지 않기 때문이다. 금본위제 시절에는 세상 사람 모두가 귀하다고 인정하는 금을 기준으로 돈을 만들었다. 하지만 결국 금본위제는 폐지됐다. 처음에는 금 자체보다 금이라는 통일된 기준으로 인류의 생산성을 끌어 올리는 것이 더 중요했다. 그런데 나중에는 인간의 생산성보다 금 자체가 더 귀한 것이 되어버려 오

히려 생산성을 방해하는 결과를 초래했다.

금본위제가 폐지된 현재 돈의 가치는 어떤 기준으로 측정하는가? 돈의 가치는 금과 같은 돌덩어리에 두는 것보다 인간이 정하는 것이 더 본질적이다. 지금의 돈은 인간의 이성을 통해 법으로 만들어진다. 법으로 돈을 만들고 교환하고 가치를 저장하고 투자하고 빌린다. 빌린 돈을 갚지 못하면 법에 따라 처벌된다.

그런데 인간의 이성을 완전하다고 할 수 있는가? 그렇지 않다. 때문에 인간의 이성으로 만들어진 돈은 불완전한 우리의 이성으로 말미암아 본질적으로 불완전하다. 돈으로 이루어진 자본주의 체제 역시 불완전한 돈으로 말미암아 불완전하다.

돈의 가치는 인간의 생산력과 활동성으로 결정된다. 돈은 어차피 법으로 정해진 상징과 관념일 뿐이다. 돈이 아무리 많아도 실제로 교환할 수 있는 재화와 서비스가 감소한다면 '부'는 사라진다.

돈의 가치는 생산성과 활동성에 비례하여 끊임없이 변화한다. 인류의 활동성과 생산성은 언제나 한결같을 수 없다. 인간은 기계가 아니기 때문이다. 시대에 따라 경기활동은 변화한다. 신산업이 태동하면 투자와 활동성이 폭발한다. 그렇지만 어느 순간부터 신산업은 안정화되고 점차적으로 사양산업이 된다. 이러한 인류의 활동 사이클에 맞추어 돈의 가치 또한 계속해서 변화한다.

주식시장과 인간의 활동성의 상관관계

인간은 지구의 생명체이며 자연이라는 거대한 환경의 영향을 받으며 살아간다. 봄과 여름, 가을 그리고 겨울이라는 계절과 환경의 변화에 따라 우리의 생활양식이 달라진다. 활동성이 달라지고 아침, 점심, 저녁 그리고 밤이라는 시간의 흐름에 따라서도 생활의 모

그림 19 | 환경과 인간의 활동성

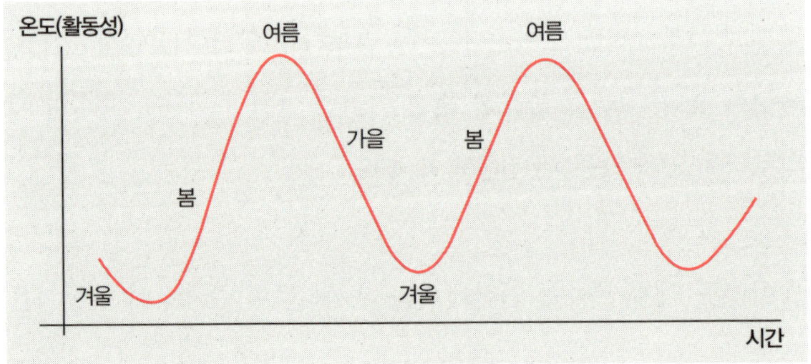

습이 달라진다.

그림 19에서 보듯이 계절의 흐름에 따라서 인간의 활동성은 변화를 보인다. 활동성이 변화하면 심리 역시 변화하기 마련이다. 추운 겨울보다는 더운 여름에 상대적으로 활동성이 높아지고 낙엽이 지는 가을보다는 새싹이 자라나는 봄에 기분이 들뜨게 된다.

그림 20 | 하루 중 시간에 따른 인간의 활동성

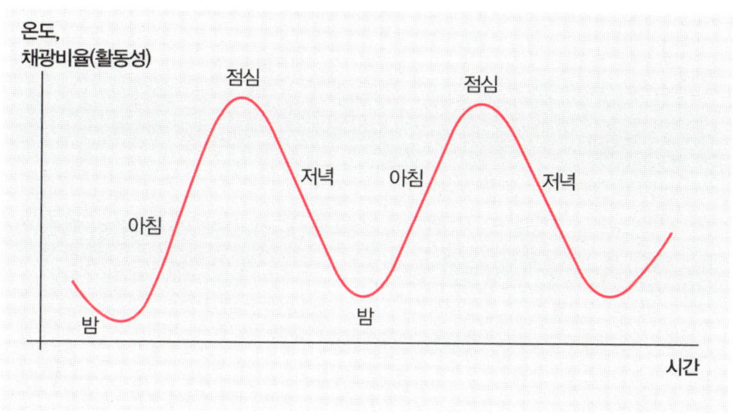

그림 20은 하루라는 시간의 사이클에 따라 인간의 활동성이 어떻게 변화하는지를 보여준다. 늦은 밤보다는 당연히 점심시간에 활동성이 높다. 그리고 충분한 수면을 취한 아침이 피곤한 오후나 저녁보다는 일을 하는 데 집중력이 높다.

이렇듯 기계가 아닌 인간에게는 생체리듬이 존재하며 활동성은

주기를 이루며 반복된다. 인간은 쉬지 않고 계속해서 일을 할 수 없기에 열심히 일한 다음에는 휴식을 취해주어야 한다.

그러면 자본주의 체제의 중심이 되는 '돈'의 가치와 인류의 활동성의 주기를 생각해보자. 돈의 가치는 인간의 활동과 어떤 상관관계를 가지는가?

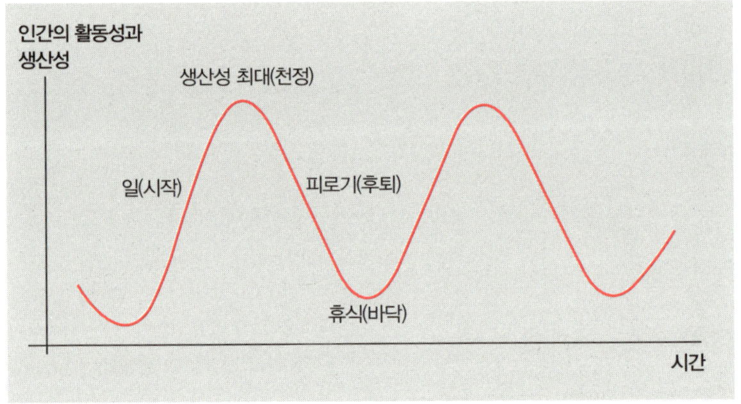

그림 21에 표현되어 있듯이 인간의 생산성과 활동성은 일정하지 않으며 일정한 주기를 타면서 움직인다. 생산성과 활동성이 최고일 때 돈의 가치는 최고가 되며 생산성과 활동성이 바닥일 때 돈의 가치는 바닥이 된다.

생산성과 활동성이 최고가 되면 교환이 활발하게 진행되고 투자도 활발해진다. 그리고 무엇보다 생산성이 높아지면 돈으로 교환할

수 있는 재화와 서비스가 많아져서 돈의 가치가 상승한다. 하지만 생산성과 활동성이 감소하면 교환을 점점 덜하게 되고 투자도 감소한다. 돈으로 교환할 재화와 서비스 자체가 감소하기 때문에 소비가 줄어 돈의 가치가 급격하게 하락한다.

그림 22 | 시간에 따른 인간의 활동성과 돈의 가치

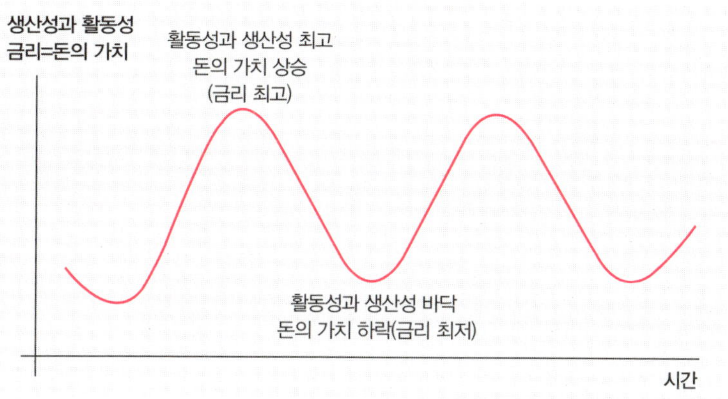

그림 22가 보여주는 것은 돈의 가치와 금리가 경기변동에 따라 변하는 것이 아니라 인간의 활동성과 생산성에 영향을 받는다는 점이다. 유동자산인 돈의 가치가 변함에 따라 고정자산(부동산, 실물자산, 채권)의 가치도 상대적으로 변동한다.

이러한 흐름과 투자를 결합해보자. 인간의 활동성과 생산성을 조직적으로 이끌어가는 것은 기업이다. 그러므로 활동성과 생산성에

투자하기 위해서는 기업에 투자해야 한다. 그것이 곧 주식투자다.

　일반 투자자들이 주식에 가장 큰 관심을 보이는 시기는 활동성과 생산성이 극대화되고 돈의 가치가 급상승하는 경기 활황 부근이다. 하지만 활동성과 생산성이 극대화되기 시작하면 이제 곧 쉬어야 할 시기가 다가온다고 생각해야 한다. 이제부터는 활동성과 생산성이 하락하는 시기로 접어든다는 사실을 알아차려야 한다. 활동성과 생산성을 폭발적으로 확장시키는 사건으로 신산업의 태동과 신기술의 발전 등이 있지만 신산업과 신기술도 시간이 지나면 구산업, 구식기술이 된다.

그림 23 | 경기와 주식시장에의 관심

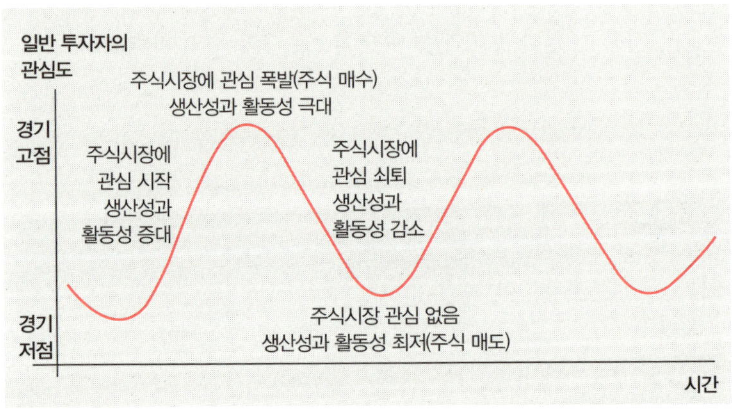

　그림 23과 같이 대부분의 개미는 거꾸로 투자를 하기 때문에 실패한다. 생산성과 활동성이 극대일 때 대중은 기업에 폭발적으로

관심을 가지면서 주식을 매수하기 시작한다. 그리고 생산성과 활동성이 최저일 때 주식을 매도한다.

생산성과 활동성이 최대일 때는 '그 폭풍 같은 열정을 얼마나 유지할 수 있겠는가?' '쉬지 않고 계속 일을 할 수 있는가?'를 생각해야 하고, 생산성과 활동성이 최저일 때는 '앞으로 얼마나 침체가 계속될 것인가?'를 생각해야 한다.

또 하나의 투자 실패 원인은 대중의 심리에도 있다. 생산성과 활동성이 증대되는 시기는 계절로 치면 여름이다. 겨울보다는 당연히 에너지가 폭발하고 미래를 긍정적으로 본다. 생산성과 활동성이 최고조에 이르면 투자자들의 미래에 대한 전망은 희망과 낙관으로 가득 차게 된다. 이에 반해 생산성과 활동성이 바닥을 치면 투자자들은 자신감을 상실하고 미래를 비관적으로 전망하기 마련이다.

그림 24 | 경기와 대중의 심리

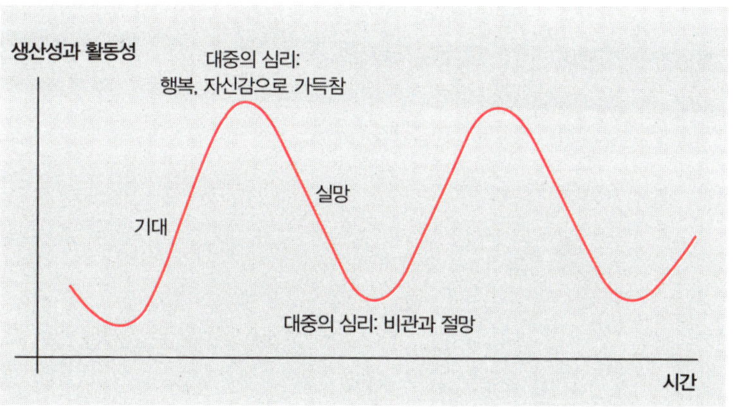

이와 같은 경기의 큰 흐름을 파악하는 것이 투자의 기본적인 자세다. 경기변동이라고 해서 거창하게 생각할 필요가 없다. 우리의 활동성과 생산성에 의해 경기가 움직이는 것이다. 돈의 가치도 우리가 만들고 일도 우리가 하는 것이며 미래를 전망하고 바라보는 것도 우리다. 세상의 모든 이치가 그렇듯 오르막이 있으면 내리막이 있고 꽃이 피면 지게 마련이며 아침에 떴던 해는 저녁이면 저문다.

자본주의는 돈이라는 숫자를 만들었고 돈은 인류의 생산성을 자극하는 유인책이 되었다. 돈은 교환과 저장을 나타내는 우리의 약속이다. 기업의 생산성과 활동성이 활발해지면 분업과 교환활동이 증가한다. 그리고 돈으로 이루어지는 유동적 활동이 활발해지며 유동성 가치인 돈이 귀해진다. 예를 들어 투자활동을 위해 돈을 주고받는 유동성이 증가한다. 이때는 소유권보다는 유동성이 높은 돈이 상대적으로 높은 가치를 인정받는다. 기업의 생산성과 활동성이 점점 증가할 때는 부동산이나 원자재에 돈을 묶어두는 것은 상대적으로 비효율적이다.

반면 활동성과 생산성이 점점 하락하기 시작하면 분업과 교환이 감소한다. 이에 따라 유동성을 나타내는 돈의 가치가 하락하고 소유권 가치인 부동산이나 원자재의 가치가 높아진다. 생산성이 감소하면 경기 활황기 때 풀어놓은 많은 유동성이 급격히 가치를 잃어가면서 유동성보다는 안정적인 실소유권이 상대적으로 가치를 인정받는다.

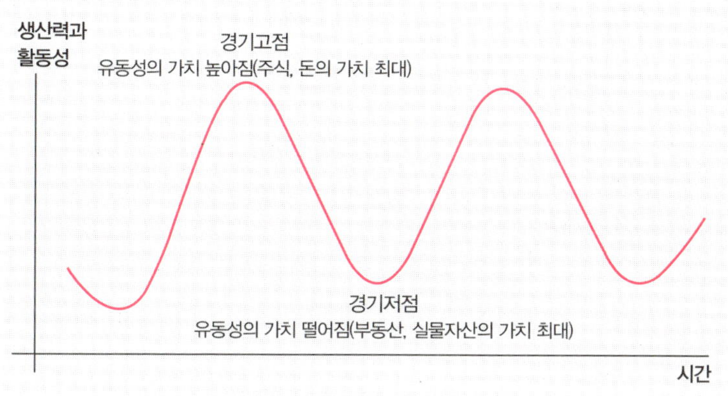

투자자들은 이러한 경기변동 주기를 판단할 수 있어야 한다. 경기는 주기적으로 순환하기 때문에 현재 어떤 주기에 속하는지를 정확히 짚어내지 못한다 하더라도 하나의 주기 다음에는 어떤 주기가 올지를 예상할 수는 있다. 대중매체는 작은 화젯거리 하나만 건져도 떠들어대길 좋아하기 때문에 불경기다, 호경기다 하는 표현을 일상적으로 쓰곤 한다. 투자자는 그런 선정성 보도에 휩쓸리면 안 된다. 오늘 불경기라 했다가 다음날 아무렇지도 않게 말을 바꾸는 그런 매체에 의존하지 말고 스스로 분석하려는 노력을 해야 한다.

그래야만 경기변동에 따라 올바른 투자선택을 할 수 있다. 그림 25에서 보는 것처럼 투자 대상의 가치는 경기에 따라 움직인다. 그런데 대상을 주식으로만 한정해보면 그 안에서도 상대적인 가치변동이 일어남을 알 수 있다. 그림 26을 참고하자.

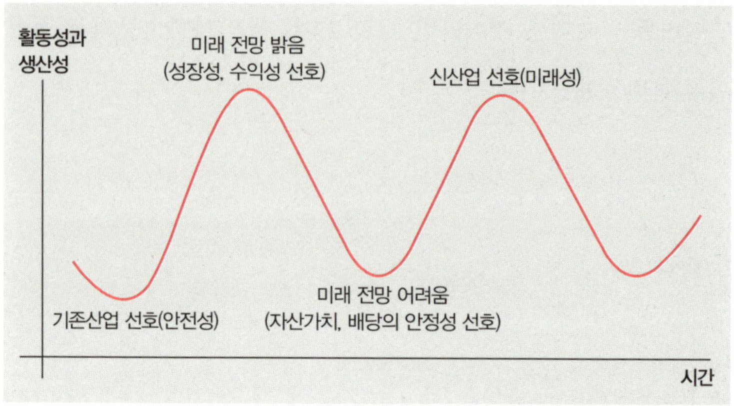

그림 26은 주기에 따라 주식의 내재가치를 보는 관점이 변동하는 것을 보여준다. 활동성과 생산성이 정점에 이르렀을 때는 미래에 대한 기대치도 최고조에 이르기 때문에 주식시장에도 투자자들이 활발하게 유입된다. 이때 주목을 받는 것은 성장성과 수익성에서 두각을 나타내는 기업이다. 신산업과 신기술에 열광하는 것도 이때다.

반면 활동성과 생산성이 저점에 이르면 미래 전망이 어둡기 때문에 주식시장에 대한 관심도 대폭 수그러든다. 그나마 남은 투자자들은 망할 염려가 없는 기업, 즉 자산가치가 높은 기업을 선호하며, 배당수익을 중시한다. 새로운 산업이나 기술에 대해서도 앞날을 예측할 수 없다는 비관적인 사고가 팽배해 믿을 수 없다는 분위기가 되며 전통적으로 영위되어온 산업에 투자하고자 한다.

그림 26이 단기든 장기든 주식시장에 참여한 모든 투자자들의 관점변동을 보여준 것이라면 그림 27은 단기 매매자들의 관점이 어떻게 변동하는가를 보여준다.

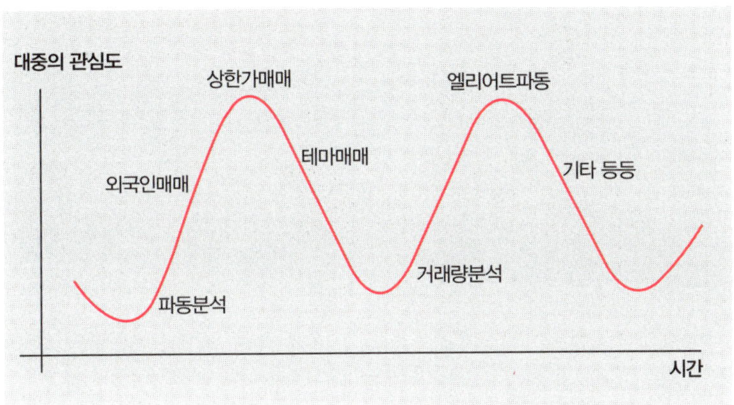

사실 모든 단기 매매자들이 그림 27과 같은 양상을 보인다는 것은 아니다. 그렇지만 각 구간의 특징적인 방법들을 구분해보면 대체로 이렇게 변화한다는 것을 언급한 것이다. 대개는 구간에 관계없이 모든 방법들이 혼재되지만 시장에 집중되는 대중의 관심도에 따라 어느 정도 관점이 변동하는 것은 사실이다.

04.. 부의 흐름을 분석하여 투자의 절대 경로를 찾다

지금까지 우리는 돈이나 주식, 부동산, 금, 채권이 아니라 인간의 활동성과 생산성에 의해 부와 풍요가 만들어진다는 사실을 배웠다. 나는 지난 10년 동안 각 시기별로 주식투자에 관해 접했던 여러 기술과 방법을 설명했다. 내가 주장하고자 하는 것은 주식시장에서는 어떤 것도 고정되어 있지 않으며 따라서 투자방법 역시 시대와 상황에 따라 계속해서 달라진다는 것이다.

그 가장 근본적인 이유가 인간은 완전하지 않다는 점에 있다. 인간은 완결체가 아니기 때문에 도전하고 실패하고, 재도전하고 성공하거나 실패하는 과정을 끊임없이 반복하면서 진보해간다. 이러한 과정에서 우리의 가치와 부도 계속해서 변화해간다. 아주 오랜 옛날에는 농업이 강력한 부의 중심이었고, 그 뒤로는 공업이 부를 주

도했다. 시간이 흘러 언제부턴가는 부의 중심에 '정보'가 자리를 잡았다. 앞으로 우리의 부를 선도하는 것은 무엇이 될까?

해외 주식시장에 투자하는 사람들도 있겠지만 이 책의 독자들은 대부분 대한민국의 주식시장인 코스피와 코스닥에 투자할 것이다. 앞서 봤듯이 주식투자를 한다는 것은 인간의 생산성과 활동성에 투자를 하는 것이며 이것은 곧 기업에 투자하는 것이다. 현재 대한민국의 부의 원천이 되는 기업과 산업에 대해 알아보자.

인류의 풍요는 교환을 할 수 있는 능력에서 나온다. 인간은 선천적인 능력과 재능에 따라 상대적으로 더 잘할 수 있는 일과 못하는 일이 있다. 그리고 인간이 가진 '시간'이라는 자원은 누구에게나 똑같이 유한하다. 때문에 아무리 뛰어난 사람이라도 모든 것을 혼자 할 수는 없다. 인간은 서로 도우면서 더불어 살아가야 한다.

국가도 마찬가지다. 국가마다 계절적 환경과 지리적 위치, 자원, 국민성 등에 따라 다른 국가보다 상대적으로 유리한 산업이 있다. 어떤 나라는 열대 기후 덕택으로 과일과 열매가 많이 나고 산림자원이 풍족하다. 그리고 어떤 나라는 사막 지역으로 과일과 열매가 나지는 않지만 대신 석유라는 자원을 풍족하게 가지고 있다. 또한 어떤 나라는 문화가 발전했고 어떤 나라는 노동력이 풍부하다. 각 나라마다 계절과 환경, 지리적 이점에 걸맞은 특화된 산업을 발전시키고, 무역이라는 방식을 통해 서로의 차이를 보완하면서 세계의 풍요를 이뤄간다.

우리나라는 자원이 거의 없으며 국토 또한 작다. 그렇지만 세계적인 경쟁력을 갖고 있는 여러 산업들이 있으며 국제적인 활동에도 적극적으로 참여하는 인정받는 부국이다. 이러한 부는 어디서 나오는가? 우리는 무엇을 가지고 세계와 무역을 하는가? 이 질문을 해결해나가면 우리나라 부의 핵심을 만나게 된다.

대한민국 부의 핵심은 대기업 주도의 수출에 중점을 둔 제조업이다. IT, 반도체, 자동차, 철강, 중공업, 화학, 건설, 기계 등 기업들이 생산한 물건을 수출해서 우리에게 필요한 물건을 수입한다. 수출은 본질적으로 달러를 벌기 위해서가 아니라 수입을 하기 위해서 하는 것이다. 우리나라가 만든 휴대폰이 세계에서 더 인정받고 자동차나 선박, 건설, 기계가 더 인정받을수록 우리나라가 발행하는 국채의 가치가 올라간다. 또한 대한민국 기업의 주식이 유통되는 주식시장 역시 세계에서 더욱 인정받게 된다.

코스피 부의 흐름도

정부는 경제와 돈의 가치를 관리하고 기업의 생산력 제고를 위한 방안을 추진한다.

대기업 중심의 제조업으로 수출을 해서 수입을 할 수 있는 권리인 달러를 벌어들인다.

수출 기업이 활발히 무역을 하며 부를 선도한다. 덕분에 투자가 활성화되고
유동성이 높아지며, 일거리가 많아져서 노동자들의 임금이 높아지고,
수입한 물건들이 시중에 돌기 시작한다.

부가 증가하기 시작하자 내수경기가 살아나고 유통산업이 활성화된다.

내수산업이 활성화되자 유동성이 증가하고 국내에 돈이 활발히 돌기 시작한다.
이에 따라서 금융산업도 활성화된다.

금융산업까지 활성화되자 유동성이 더욱 높아지고 이에 따라 투기적 수요가 증가한다.

투기적 수요는 주식시장에서 특히 활개를 친다.
돈이 넘쳐 흐르지만 더이상 투자할 종목을 찾지 못한 투자자들은 투기를 시작하고
그동안 관심을 받지 못하던 저평가 종목에 눈독을 들이기 시작한다.
기존에 오르던 종목들은 더욱 상승하고 기존에 관심을 못 받던 종목들도 상승한다.
이때는 눈감고 '가나다' 순으로 주식을 매수해도 돈을 벌게 된다.

모두가 돈이 많아져서 일시적으로 부자가 되었지만
미래를 장밋빛으로 전망하여 할인했던 대규모 대출은 과잉유동성이 되어
재화와 서비스의 생산력과 활동성을 넘어서 있다.
하지만 모두의 주머니에 돈이 많기 때문에 다들 장밋빛 미래를 본다.
소수의 사람들은 뭔가 모르는 불안을 감지한다.

시중의 넘쳐나는 유동성으로 돈의 가치는 점점 하락하기 시작한다.
모든 재화와 서비스의 가격이 상승하고 인플레이션이 급격하게 진행된다.
정부는 금리를 올리고 긴축재정을 실시하며, 이는 경쟁력이 없는
회사에 자금압박으로 작용한다.

투기적 수요는 급격하게 타격을 받는다. 단지 유동성 때문에 상승했던 주가는
급격하게 하락한다. 장밋빛 미래와 낙관으로 투기를 불사하던 이들은
대부분 손실을 피할 수 없고 안전한 투자수단으로 다시금 눈을 돌린다.

주식시장에서 통찰력을 갖기 위해서는 돈의 흐름을 보는 것이 가장 중요하다. 부의 중심이 되는 기업의 생산성과 활동성을 살피고, 여기서 파급되는 산업적 효과와 투자적, 투기적 수요의 대해서도 동시에 파악해야 한다.

코스피 산업별 흐름도

그림 28 | 주식시장의 산업별 흐름도 1

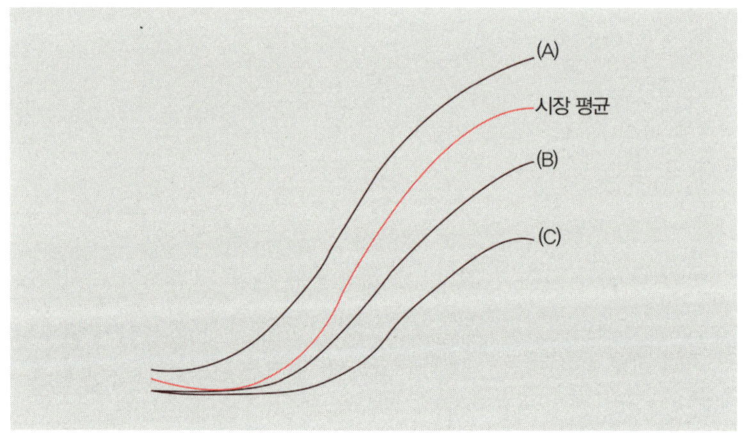

주가가 대세 상승구간에 들어서기 위해서는 부의 중심이 되는 산업(A)에서 먼저 생산성과 활동성이 높아져야 한다. 우리나라 코스피의 예를 들면 IT, 반도체, 자동차, 화학, 중공업, 건설 등등의 산업이 해당된다. 이러한 산업은 시대의 흐름과 환경에 따라 성장, 안

정, 성숙, 쇠퇴를 반복한다. 이러한 산업이 먼저 시장 평균을 추월하여 상승하기 시작한다. B와 C의 산업은 주로 내수산업이거나 금융산업, 2등 산업이다.

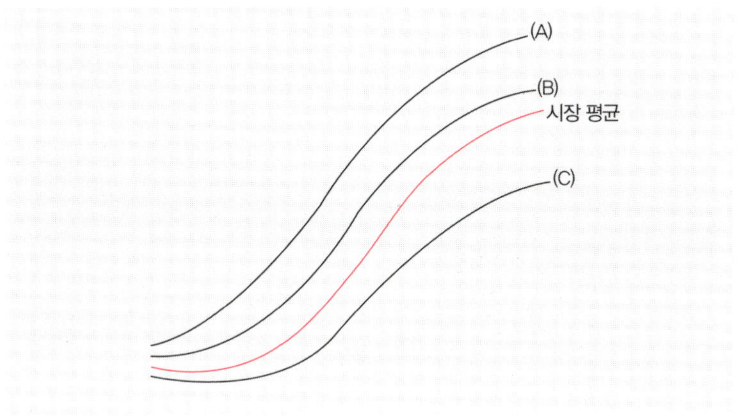

부의 중심이 되는 산업(A)이 계속해서 돈을 벌어오기 시작하자 그 여파로 내수경기가 회복되기 시작하고 내수의 활성화가 이루어진다. 이에 따라 B산업도 시장 평균을 넘어 상승하고 C산업도 점점 시장 평균에 가까워진다.

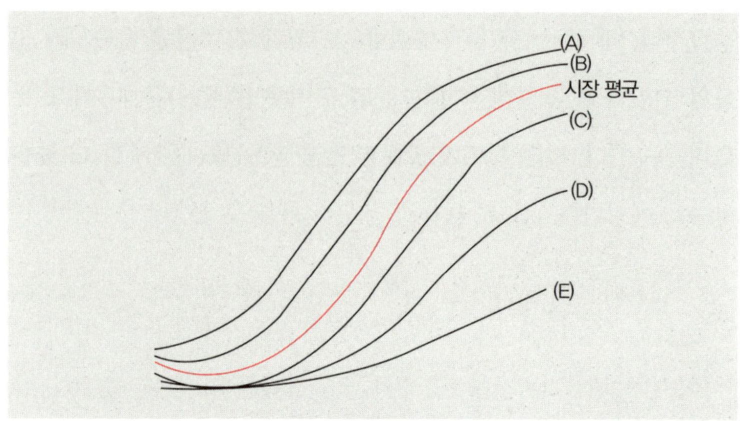

A산업과 B산업에 해당하는 종목이 주식시장을 선도하며 어느 순간부터 두 산업의 주가가 비슷한 수준에 형성된다. 또한 C의 주가도 시장 평균과 비슷해지고 그동안 눈에 띄지 않았던 D와 E산업도 상승을 시작한다.

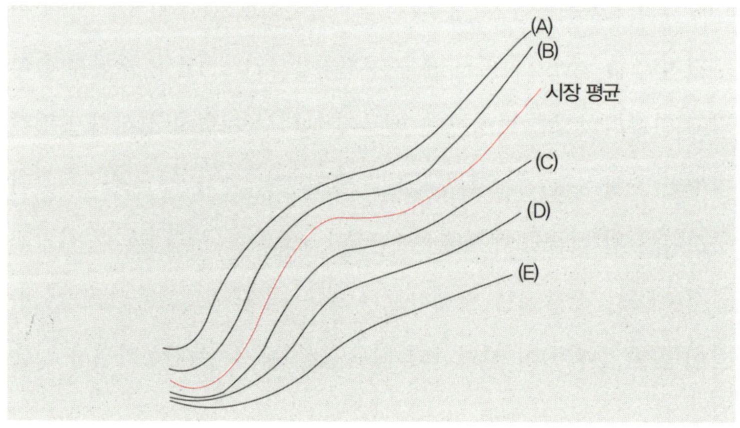

　폭발적인 유동성과 투자적, 투기적 수요의 증가로 주식시장은 활성화된다. 대중들이 본격적으로 주식시장에 참여하면서 단기적 분석의 인기가 높아진다. 이때는 눈감고 아무 주식이나 매수해도 돈을 벌 수 있다. 시장 참여자 모두가 장밋빛 미래를 꿈꾸며 더 높은 상승을 예상한다.

그림 32 | **주식시장의 산업별 흐름도 5**

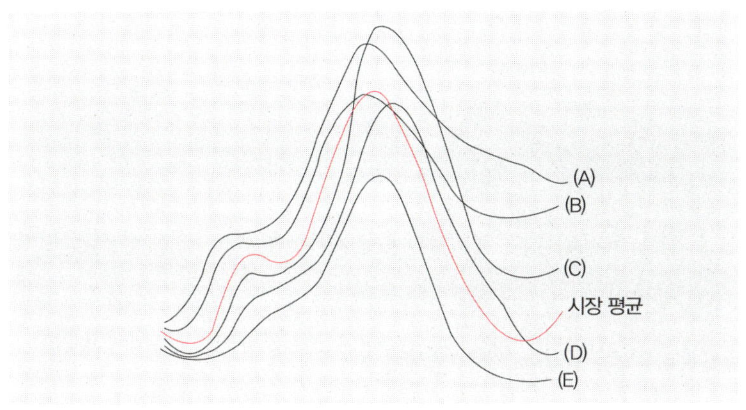

　유동성이 폭발적으로 증가하면서 일시적으로 대세 상승장을 이루었지만 유동성이 과도하게 높아지자 돈의 가치가 급격하게 손상되고 인플레이션이 발생한다. 때문에 돈의 가치를 안정시키기 위해 정부는 긴축정책을 시행한다. 이때까지 투기적 수요가 부추겨왔던 주가 상승의 거품이 터지면서 주가는 급락한다. 투자심리가 악화되면서 너도나도 투자를 자제하고 시장은 더욱 얼어붙는다. 모든 주식이 동반 하락하기 시작한다. 대중들은 투기 실패로 좌절하고 다

시 안전한 투자 대상을 찾아 이동한다.

산업별 흐름도의 각 산업군

대기업 중심의 제조업

그림 28부터 32에서 살펴봤던 흐름도에서 대한민국 부의 중심이
되는 산업 A는 다음과 같다. 대기업 위주의 수출, 제조업종이다.

전자, 통신, 반도체			
TV, 가전	전기, 전선, 전자부품	디스플레이	휴대폰
통신서비스	IT서비스	반도체	반도체장비, 재료

화학, 에너지				
정유	석유화학	에너지	제약	화학섬유

자동차, 운송		
자동차	차부품, 타이어	수입차
해운	항공	택배

건설, 기계, 중공업		
건설	건설자재, 가구	조선
기계, 중장비, 플랜트	철강	비철금속

시장의 상황을 판단할 때 주도주가 되는 산업 A를 파악하는 것은 매우 중요하다. 2000년 초 세계적인 IT버블 당시에는 IT에 관련된 전자, 통신, 반도체업종의 주가가 폭등했으며 2007년 서브프라임이 터지기 전에는 조선, 중공업, 건설업이 주가를 이끌었다. 또한 최근 2010년부터는 자동차와 화학업이 주가 상승을 견인하는 역할을 했다.

주도 산업을 파악하는 것이 중요한 이유는 이것이 무엇이냐에 따라 파생되는 B와 C의 움직임이 달라지기 때문이다. 예를 들어 현재 시장을 이끌고 가는 주도산업 A가 자동차업종이라면 뒤따라 상승하는 B와 C는 자동차와 관련된 산업일 가능성이 매우 높다. 이를테면 자동차 부품주와 타이어, 강판 등이다. 또한 산업 A가 건설업종이라면 B와 C는 건설자재를 비롯하여 기타 건설과 관련된 산업일 가능성이 매우 높다.

주식투자를 할 때 돈과 수익률만 쫓아 허둥대지 않기 위해서는 이렇게 시대에 따라 변화하는 산업의 흐름을 느끼고, 이러한 부의 중심에 있는 산업과 거기서 파생되는 여러 산업의 상승과 하락을 느낄 수 있어야 한다. 주가가 상승한다고 해서, 또는 하락한다고 해서 모든 업종이 동일하게 상승하거나 하락하는 것은 아니기 때문이다. 만약 현재 시장을 이끌고 가는 산업 A가 중공업과 건설이라고 한다면 이와 관련이 없는 전기, 전자나 바이오 산업이 갑자기 상승세를 타며 주도주가 될 수는 없다. 시대마다 변화하고 발전하는 산

업 A를 먼저 파악할 수 있어야 한다. 그래야 B와 C에도 여유 있게 투자할 수 있다.

내수주, 유통업

산업 A의 주도하에 파생산업까지 상승하면서 수출이 증가하면 내수에도 긍정적인 영향이 미친다. 내수가 확대될 때 상승하는 내수, 유통업을 정리하면 다음과 같다.

유통, 상사		
TV홈쇼핑, 인터넷쇼핑몰	백화점	할인마트, 편의점
외식	상사	

생활용품			
음식료	제과, 라면	주류	의류
화장품	생활용품	제지	

미디어, 교육, 레저			
방송	광고	인터넷포털	게임
영화, 엔터테인먼트	여행, 호텔	교육	

우리나라의 내수산업은 수출의 결과물일 수밖에 없기 때문에 주도주가 될 가능성이 희박하다. 가장 큰 이유는 내수의 시장 규모가

작기 때문이다. 인구 5천만 명으로는 자급자족을 할 수 없다. 더구나 우리나라에는 자원이 거의 없다. 자력으로 상승세를 낼 수 없는 내수, 유통주는 결국 산업 A가 선방함으로써 후광을 입어야 한다. 산업 A의 수출을 통해 수입할 수 있는 권리인 외화를 벌어들일 때 내수시장이 성장할 수 있다.

금융주

산업 A와 B, C 그리고 내수와 유통주가 상승하면 이제 금융주가 힘을 받는다. 금융주에는 다음과 같은 종류가 있다.

증권	은행	자산운용	보험	신용카드, 저축은행

금융주는 주도업종과 파생업종, 그리고 유통과 내수주가 상승을 보인 이후에 상승에 편승한다. 금융업은 어떤 상품을 판매하는 것이 아니라 돈 자체로 수익을 창출하는 구조이기 때문에 유동성이 높아져야만 상승세를 구가할 수 있기 때문이다.

하지만 산업 A와 B, C의 성장 그리고 내수와 유통업이 활발해지면 시중에 돈이 많이 풀리고 유동성이 지나치게 높아져 인플레이션 우려가 대두된다. 이때는 금리가 인상될 가능성이 있고 정부에서 여러 가지 정책적인 안을 내놓는다. 결국 유동성에 의해 금융업종이 높은 상승세를 나타내기 시작하면 이제 곧 이를 진정시키기 위한 정

책이나 대책이 나오리라는 것을 알아차려야 한다. 성장보다 중요한 것은 생존이다. 과도한 유동성으로 돈의 가치가 하락하기 시작하면 성장의 여부를 떠나 자본주의 체제의 생존이 문제가 된다.

주식시장 분석을 할 때의 단계를 전체적으로 정리해보자면 다음과 같다. 먼저 어떤 업종과 종목이 산업 A가 될 수 있는지 파악한다. 그리고 그로 인해 파생되는 어떤 업종과 종목이 B와 C가 될 수 있는지 파악한다. 다음으로 내수주와 유통주를 정확히 이해한다. 그다음으로는 금융주를 이해하고 안전자산으로 대체될 수 있는 종목들에 대해서 파악한다. 각 업종의 주도주와 종목에 대한 구체적인 이야기는 다음 책에서 하고자 한다.

시대의 흐름에 따라 부의 가치는 달라지며 투자의 기준도 달라진다. 내가 중요하게 여기는 투자의 속성은 이것이다. 나는 이 책을 읽고 있는 독자들에게 주식투자에 관한 비법을 제시하며 현혹하고 싶은 마음이 추호도 없다. 대신 나의 경험에 비추어, 무엇이 중요한지를 진정으로 깨닫는다면 성공은 그다지 어려운 일이 아니라는 점을 이야기하고 싶다. 읽자마자 대박이 보이고 심장박동이 빨라지는 마술 같은 기법을 바랐던 독자라면 퍽 실망스러웠을지도 모르겠다. 이 책에서 수도 없이 강조한 내용들은 기법이라거나 비결이라고 불리는 것과 달리 자극적이지 않지만, 그것을 가슴으로 받아들일 수

있는 사람이라면 내 표현력이 부족해 다 드러내지 못한 부분까지 이해할 수 있으리라 믿는다.

지금까지 이야기한 것처럼 자본주의 체제에서의 화폐 구조와 주식시장의 흐름, 투자와 투기의 차이를 이해한다면 부의 흐름을 포착할 수 있을 것이고 주식시장에서 편안함을 느끼게 될 것이다.